Selma se connecte

Illustrations d'Alberto Stefani

Rédaction : Sarah Guilmault
Conception graphique : Nadia Maestri
Mise en page : Carlo Cibrario-Sent, Simona Corniola
Recherche iconographique : Alice Graziotin

© 2015 Cideb, Gênes, Londres

Première édition : janvier 2015

Crédits photographiques : Shutterstock ; IstockPhoto, DreamsTime ;
Thinkstock ; Tips Images : 4b, 5b ; ©Clovis Gauzy/Demotix/
Corbis : 37 ; LAIF/Contrasto : 38 ; PATRICK KOVARIK/AFP/
Getty Images : 48 ; 1082/Gamma-Rapho/Getty Images : 59 ;
©BIM DISTRIBUZIONE/Web Photo : 80h ; ©SONY PICTURES/
Web Photo : bg ; ©WARNER BROS/Web Photo : d ; ROBERT
FRANCOIS/AFP/Getty Images : 90.

Pour toute suggestion ou information, la rédaction peut être
contactée à l'adresse suivante :
info@blackcat-cideb.com
www.blackcat-cideb.com

Member of CISQ Federation

RINA
ISO 9001:2008
Certified Quality System

IQNet

The design, production and distribution of educational materials
for the CIDEB brand are managed in compliance with the rules of
Quality Management System which fulfils the requirements of the
standard ISO 9001 (Rina Cert. No. 24298/02/S - IQNet Reg. No. IT-80096)

ISBN 978-88-530-1516-7   Livre + CD

Imprimé en Italie par Litoprint, Gênes

Sommaire

Le texte est intégralement enregistré.

🔊 Ce symbole indique les chapitres et les activités enregistrés et le numéro de leur piste.

DELF Les exercices qui présentent cette mention préparent aux compétences requises pour l'examen.

L'Alsace

Un peu d'histoire et de géographie

Située au nord-est de la France, l'Alsace confine avec l'Allemagne. Elle s'est souvent trouvée au cœur des conflits entre les deux pays. Française au XVIIe siècle, l'Alsace devient allemande en 1871 après la défaite française de Sedan. Rendue à la France après la Première Guerre mondiale, elle est annexée à l'Allemagne en 1940, puis reconquise par la France en 1944.

Après la Seconde Guerre mondiale, l'Alsace est au centre de la construction européenne : sa capitale, Strasbourg, accueille depuis le Parlement européen. Fière de son passé, dont elle préserve de magnifiques vestiges, la région est aussi très dynamique, et sait s'adapter aux changements.

Quelques villes alsaciennes

Strasbourg

Le quartier de la Petite France se trouve au cœur de Strasbourg. Il est bâti sur l'Ill, la rivière qui traverse la ville.

La cathédrale Notre-Dame de Strasbourg a été construite entre le XIe et le XVe siècle. On y trouve une admirable horloge astronomique.

Le Parlement européen.

4

Colmar

Dans le quartier de la Petite Venise, les maisons à colombages s'alignent le long de la Lauch.

Mulhouse

Un des premiers pôles industriels d'Europe au XVIIIᵉ siècle, Mulhouse représente aujourd'hui la « capitale européenne des musées techniques ». La cité de l'automobile est le plus grand musée de l'automobile du monde.

Quelques spécialités culinaires

Côté salé

La spécialité la plus connue d'Alsace est la choucroute. C'est un plat à base de chou fermenté et de charcuterie.

La flammenkuche (ou « tarte flambée » est un plat composé d'une pâte à pain, sans levure. On la garnit en général avec de la charcuterie, du fromage, de la crème fraîche et des oignons.

Côté sucré

Le kouglof (ou « kougelhopf » en alsacien) est une espèce de brioche. Une légende raconte que ce sont les Rois mages qui ont confectionné ce gâteau, pour remercier leur hôte, le pâtissier Kugel. Sa forme évoquerait le couvre-chef des Rois mages.

Compréhension écrite

1 Lisez le dossier, puis trouvez la solution des énigmes.

1 On y trouve la Petite Venise.

2 Il a la forme du chapeau des Rois mages.

3 Cette institution européenne est à Strasbourg.

4 Ce légume est un élément essentiel de la choucroute.

5 Il n'y en a pas dans la pâte à pain de la flammenkuche.

6 On y trouve le plus grand musée de l'automobile du monde.

7 Elle sonne les heures dans la cathédrale de Strasbourg.

8 Le nom de la rivière qui traverse Strasbourg.

Personnages

De gauche à droite et de haut en bas : Colin, Selma, Lisa, le grand-père de Selma, la mère de Selma.

Avant de lire

1 Les mots suivants sont utilisés dans le chapitre 1. Associez chaque mot à l'image correspondante.

a des écouteurs
b un fauteuil
c un portable

d un baladeur Mp3
e le pouce
f un couloir

g des baskets
h un écran
i un texto

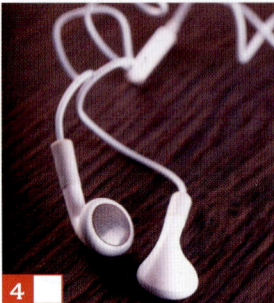

Un dimanche comme les autres

Selma est assise, pieds nus, dans un fauteuil du salon. Elle a des écouteurs dans les oreilles, et avec le pouce, elle balaie[1] rapidement l'écran de son baladeur Mp3. Elle trouve enfin la chanson qu'elle cherchait, l'écoute quelques secondes, puis passe à une autre. De temps en temps, elle saisit son téléphone portable, posé sur un bras du fauteuil. Elle fait glisser les icones pour lire ses textos, puis y répond avec une rapidité incroyable.

Son grand-père l'observe du coin de l'œil. Sa petite-fille l'amuse et l'intrigue. À 14 ans, elle est à la fois rebelle et obéissante, décidée

---

1. **Balayer avec le pouce** : ici, faire glisser son pouce.

et fragile. Il aimerait bien parler davantage avec elle, mais il ne sait pas comment s'y prendre.

— Selma, papa, à table !

Véronique, la mère de Selma, se trouve sur le pas de la porte du salon. Selma n'a pas entendu, alors son grand-père va se planter devant elle : il porte une main à sa bouche pour mimer le geste de manger. Selma comprend, se lève, et enfile ses baskets, sans les lacer [2].

Le repas du dimanche à Villé chez ses grands-parents, c'est toujours la même chose. Son grand-père lui pose à chaque fois les mêmes questions.

— Et au collège, comment ça va ? Tu as toujours de bonnes notes ?

Selma se retient pour ne pas lever les yeux au ciel, et fait un effort pour répondre gentiment.

— Oui, papi, ça se passe bien. J'ai eu 16 en géo cette semaine.

— Tu aimes toujours autant l'histoire ?

Cette question-là aussi, elle l'attendait. « Et maintenant, se dit-elle, il va me demander où on en est en... »

— Et vous en êtes où en histoire ?

Selma aime bien son grand-père, mais parfois elle le trouve vraiment ennuyeux : il n'y a pas que le collège dans la vie ! Un jour, il a voulu écouter sa musique, alors elle lui a mis les écouteurs dans les oreilles. Il a résisté deux minutes, puis il a dit : « Pas mal, cette musique... Mais ces trucs dans les oreilles, c'est insupportable ! ».

Il est 17 heures, l'heure de rentrer. Sur le trajet du retour, la mère de Selma gronde [3] un peu sa fille.

---

2. **Lacer** : faire un nœud avec les lacets.
3. **Gronder** : faire des reproches, manifester sa réprobation.

— Tu sais, tes grands-parents t'adorent, et toi, tu as toujours l'air de t'ennuyer avec eux ! Tu pourrais faire un effort pour parler un peu plus !

— Mais parler de quoi ? dit Selma d'un ton exaspéré. Ils habitent à la campagne, ils sont vieux. Et puis, le seul truc[4] qui les intéresse, c'est le collège, mes notes. Pourquoi on doit y aller tous les dimanches ?

— D'abord, ils ne sont pas vieux ! Et puis tu n'y vas pas tous les dimanches !

C'est vrai. Selma va chez ses grands-parents un dimanche sur deux, les semaines où elle habite chez sa mère. Les parents de Selma ont divorcé quand elle avait six ans, et elle alterne une semaine chez sa mère, une semaine chez son père. Ses parents s'entendent bien, elle s'est facilement habituée à ce rythme.

Quand sa mère s'arrête devant la porte automatique du garage de l'immeuble, Selma descend de voiture. Elle habite à Colmar, au centre-ville, près du quartier de la Petite Venise. Elle aime bien cette ville, mais plus tard, elle voudrait aller en fac d'histoire à Strasbourg ou à Paris.

Selma et sa mère montent ensemble jusqu'à leur appartement, situé au troisième étage. Au moment d'ouvrir la porte, sa mère lui demande :

— Tu as encore beaucoup de devoirs à faire ?

— Non, seulement un exo de maths.

— Et pour ton interro d'anglais demain, tu es prête ? Tu veux réviser[5] les verbes irréguliers avec moi ?

— Non, ce n'est pas la peine.

---

4. **Un truc** : chose.
5. **Réviser** : revoir ses cours pour un examen, par exemple.

— Sentir ?

— To smell, smelt, smelt.

— Briller ?

— To shine, shone, shone. Arrête maman ! Je les sais par cœur[6] mes verbes !

— D'accord, va vite faire ton exercice de maths alors !

Selma va dans sa chambre et referme la porte derrière elle. Elle n'a pas très envie de travailler. Alors elle ouvre son ordi, l'allume et va sur friendBook où elle a plus d'une centaine d'amis.

« Slt ! Alors ce dimanche chez papi-mamie ? Toujours aussi passionnant ? T'as fait les exos de maths, p. 70 ? Passe-moi les solutions stp »

C'est Colin, son meilleur copain. Il est dans le même collège qu'elle, mais dans une autre classe de troisième.

Selma est sur le point de lui répondre quand elle s'aperçoit qu'elle a une demande d'amitié. Elle clique sur l'icone. La demande vient d'un certain Garino.

« Garino ? Qui c'est, celui-là ? se demande-t-elle. Pas question de... »

Elle s'apprête à[7] cliquer pour refuser cette demande d'amitié, mais elle entend les pas de sa mère dans le couloir. Elle referme vite son ordi, et ouvre son livre de maths, à la page 70.

---

6. **Par cœur** : parfaitement, de mémoire.

7. **S'apprêter à** : être sur le point de.

Compréhension écrite et orale

1 **DELF** Écoutez et lisez le chapitre, puis cochez la bonne réponse.

1 Selma a
  a ☐ 13 ans. **b** ☐ 14 ans. **c** ☐ 15 ans.

2 Elle habite à
  a ☐ Villé. **b** ☐ Strasbourg. **c** ☐ Colmar.

3 Elle vit
  a ☐ chez ses grands-parents. **b** ☐ chez son père.
  c ☐ alternativement chez son père et sa mère.

4 Elle trouve que son grand-père est
  a ☐ ennuyeux. **b** ☐ antipathique. **c** ☐ sévère.

5 Elle va chez ses grands-parents
  a ☐ une fois par mois. **b** ☐ tous les dimanches.
  c ☐ un dimanche sur deux.

6 Son grand-père s'intéresse
  a ☐ à ses amis. **b** ☐ à ses résultats sportifs.
  c ☐ à ses résultats scolaires.

7 Colin est
  a ☐ le grand frère de Selma.
  b ☐ un copain de Selma. **c** ☐ le père de Selma.

8 Sur friendBook, Selma a
  a ☐ un seul ami, Garino. **b** ☐ plus d'une centaine d'amis.
  c ☐ moins d'une centaine d'amis.

2 Écoutez l'enregistrement, puis indiquez qui prononce ces phrases : Selma (S), son grand-père (GP) ou sa mère (M).

	S	GP	M
1			
2			
3			
4			
5			
6			

Enrichissez votre **vocabulaire**

③ **Retrouvez dans le chapitre les abréviations des mots suivants.**

a   Une faculté : ....
b   La géographie : ....
c   Un exercice : ....
d   Une interrogation : ....

e   Un ordinateur : ....
f   Salut : ....
g   S'il te plaît : ....
h   Les mathématiques : ....

④ **Comment Selma s'adresse-t-elle aux membres de sa famille ?**
Associez chaque substantif à l'appellatif correspondant.

a   Tonton
b   Mamie/Mémé

c   Papa
d   Maman

e   Papi/Pépé
f   Tata/Tatie

1 | La grand-mère

2 | Le grand-père

3 | La mère

4 | Le père

5 | La tante

6 | L'oncle

Grammaire

Les adverbes de fréquence

Il lui pose **toujours** *les mêmes questions.* **Parfois,** *elle le trouve ennuyeux.*
Ce sont des adverbes qui servent à indiquer la fréquence avec laquelle
on fait une action.
Les adverbes de fréquence les plus courants sont **toujours**, **souvent**,
parfois, **jamais**.
Attention, associé à la particule **ne**, **jamais** peut remplacer **pas**. Il a le
sens de **à aucun moment**.
Elle ne répond pas aux inconnus. → *Elle ne répond* **jamais** *aux inconnus.*

5 Relisez le chapitre, puis soulignez les phrases qui contiennent un adverbe de fréquence.

6 Pour chaque expression soulignée, indiquez l'adverbe de fréquence correct.

1 Selma va chez ses grands-parents <u>un dimanche sur deux</u>.

    a ☐ jamais   **b** ☐ souvent

2 Son grand-père lui parle <u>tout le temps</u> de ses études.

    a ☐ toujours   **b** ☐ parfois

3 <u>Quand elle n'a pas de devoirs</u>, elle peut sortir avec ses amis.

    a ☐ jamais   **b** ☐ parfois

4 Sa mère l'accompagne au lycée en voiture <u>quatre fois par semaine</u>.

    a ☐ souvent   **b** ☐ toujours

5 Son portable est <u>tout le temps</u> allumé.

    a ☐ jamais   **b** ☐ toujours

6 Ses parents <u>ne</u> se disputent <u>pas</u>.

    a ☐ toujours   **b** ☐ jamais

Production écrite et orale

7 Est-ce que vos parents ou vos grands-parents vous posent toujours les mêmes questions ? Faites une liste des questions qu'ils vous posent.

8 DELF « *Alors, ce dimanche chez papi-mamie ? Toujours aussi passionnant ?* » Imaginez la réponse de Selma au message de Colin. Écrivez un message de 60 à 80 mots.

Avant de lire

1 Les mots suivants sont utilisés dans le chapitre 2. Associez chaque mot à la photo correspondante.

a   la cour
b   les micros
c   les lèvres
d   la pluie
e   l'épaule
f   les doigts

1

2

3

4

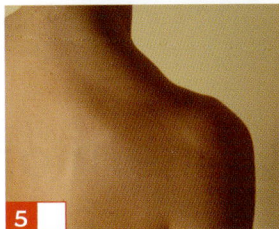

5

6

2 Les expressions suivantes sont utilisées dans le chapitre 2. Associez chaque expression à sa définition.

1	En fin de compte	a	Dire de faire attention
2	Se faire remarquer	b	Tout faire pour être vu
3	Ça ne sert à rien	c	Finalement
4	Ramener le calme	d	C'est inutile
5	Hausser les épaules	e	Rien d'important
6	Mettre en garde	f	Montrer son indifférence
7	Prendre la parole	g	Commencer à parler
8	Pas grand-chose	h	Rétablir le silence

Attention, danger !

Le lundi, la reprise est toujours difficile. Heureusement, aujourd'hui, les élèves de troisième ont seulement deux heures de cours. Après, ils doivent tous se rendre au CDI, pour une intervention sur les risques liés à Internet.

En cours de maths, le prof appelle Selma.

— Selma, tu peux venir au tableau pour corriger l'exercice, s'il te plaît.

— Je n'ai pas réussi à le faire, monsieur !

— Viens quand même au tableau ! On va le faire ensemble.

En fin de compte, Selma ne s'en tire[1] pas trop mal.

L'heure suivante, interro d'anglais : 25 verbes irréguliers en 10 minutes. Selma est sûre d'avoir fait un sans-faute[2] ; il faut dire

---

1. **S'en tirer** : réussir une action.　　2. **Un sans-faute** : un travail parfait.

qu'en anglais, elle est avantagée. En effet, son père va souvent à Londres pour son travail, et chaque fois que c'est possible, il l'emmène avec lui.

Après la récréation, la classe de Selma traverse la cour sous une pluie battante³ pour se rendre au CDI. Elle aperçoit Colin qui lui fait un signe de la main : rendez-vous devant la cantine à midi et demi.

La salle du CDI est presque pleine. Le principal du collège salue tous les élèves, et leur demande de faire silence. Puis il passe le micro à l'un des deux intervenants.

— Bonjour. Je m'appelle Max, et voici ma collègue Sandrine. Nous sommes gendarmes, nous venons de Strasbourg, et notre rôle, c'est d'assurer la sécurité sur Internet. Vous avez des questions à nous poser sur notre métier avant de commencer ?

— Oui, combien vous gagnez par mois ?

Ça, c'est Ludo ! Il est en 3ᵉ C et il doit toujours se faire remarquer. Le principal veut intervenir, mais Max ne lui en laisse pas le temps et répond le sourire aux lèvres.

— Je gagne plus de 100 euros et moins de 50 000 !

Tout le monde se met à rire, mais personne n'ose lever le doigt pour poser d'autres questions.

— Bon, alors c'est moi qui vais poser des questions, dit Sandrine. Qui est inscrit à un réseau social ?

Presque toutes les mains se lèvent. Sandrine sourit.

— Alors, qui n'est pas inscrit ?

Quelques mains se lèvent timidement.

— Vous voulez bien nous dire pourquoi ?

Lisa prend la parole. C'est une copine de Selma, elle habite près

3. **Une pluie battante** : une pluie très violente.

de chez elle. Lisa se plaint [4] toujours de ses parents : elle les trouve trop sévères.

— Mes parents ne veulent pas. Ils disent que ça ne sert à rien, et que c'est dangereux.

Max passe maintenant le micro à Ethan, qui a levé le doigt lui aussi.

— Moi, ça ne m'intéresse pas de communiquer avec des inconnus. On ne peut pas avoir d'amis virtuels, c'est complètement naze [5] !

Un cri de réprobation générale l'interrompt. Cette fois-ci, le principal intervient pour ramener le calme : il demande aux jeunes collégiens de se taire et de respecter les opinions de chacun, puis il repasse le micro à Sandrine.

— Bien, nous allons maintenant vous projeter des vidéos réalisées dans le cadre de la prévention des dangers liés à Internet. Attention, ces trois petits films ne veulent pas dire que vous ne devez pas utiliser Internet, mais simplement être prudents. Vous allez voir que parfois, sans penser aux conséquences, des ados comme vous peuvent faire des choses très graves. Et cet après-midi, nous ferons ensemble des ateliers sur ce thème.

À midi et demi, Selma, Colin et Lisa se retrouvent devant la cantine.

— Alors, demande Colin, comment vous avez trouvé l'intervention ?

— Moi, dit Lisa, si mes parents regardent ces films, ils ne me laisseront jamais m'inscrire à un réseau social, même quand je serai majeure !

Selma hausse les épaules.

4. **Se plaindre** : se lamenter.
5. **Naze (fam.)** : idiot, nul.

— Moi, j'ai trouvé ces vidéos complètement débiles, surtout celle sur l'histoire d'Adrien qui insulte ses copains sur son blog. Et puis la gendarmerie qui vient l'arrêter, tu parles, c'est pas possible !

— Ben si c'est possible ! intervient Colin. La fille du film, celle qui se fait insulter sur Internet, j'imagine que ses parents ont porté plainte [6] et que la police a retrouvé l'auteur des messages.

— Mais qu'est-ce qu'il risque Adrien ? demande Lisa.

— Lui, pas grand-chose, il est mineur, répond Colin. Ce sont ses parents qui sont responsables.

Selma pense à la demande d'amitié de la veille.

— Dites, je pense à un truc... Non, laissez tomber... Enfin, je sais pas. Mais hier, j'ai reçu une demande d'amitié bizarre sur friendBook.

— Comment ça « bizarre » ? demande Colin.

— Un certain Garino que je ne connais pas.

— Il a quel âge ?

— Je ne sais pas. Il ne dit rien sur lui mais il a mis une photo marrante sur son profil : un groupe rock d'animaux !

— Tu lui as répondu ? demande Lisa.

— Non ! Ma mère est entrée dans ma chambre juste à ce moment-là.

Colin met son amie en garde.

— Fais gaffe [7], la photo marrante [8], c'est peut-être un truc pour sembler sympa, et...

— Oh non, il recommence à pleuvoir ! s'écrie Lisa.

Les trois amis se réfugient dans la cantine.

---

6. **Porter plainte** : dénoncer à la justice.
7. **Faire gaffe (fam.)** : faire attention.
8. **Marrant (fam.)** : comique.

Compréhension écrite et orale

1 **DELF** Écoutez et lisez le chapitre. Cochez les affirmations exactes, puis corrigez celles qui sont fausses.

1 ☐ On est lundi.
....

2 ☐ Ce matin, Selma a seulement trois heures de cours.
....

3 ☐ Au CDI, deux gendarmes doivent parler des dangers d'Internet.
....

4 ☐ Les deux gendarmes s'appellent Adrien et Sandrine.
....

5 ☐ Beaucoup d'élèves sont inscrits à un réseau social.
....

6 ☐ Les gendarmes projettent cinq vidéos.
....

7 ☐ Selma et ses amis vont manger à treize heures.
....

8 ☐ Selma parle de la demande d'amitié de Garino à ses amis.
....

9 ☐ Colin lui conseille d'accepter cette demande d'amitié.
....

10 ☐ Selma et ses amis rentrent vite dans la cantine parce qu'il pleut.
....

2 Remettez les phrases dans l'ordre chronologique de l'histoire.

a ☐ Tous les élèves de troisième se rendent au CDI.
b ☐ Le prof de maths demande à Selma de venir au tableau.
c ☐ Selma, Colin et Lisa entrent vite dans la cantine.
d ☐ Ethan critique les réseaux sociaux.
e ☐ Lisa prend la parole.
f ☐ Les gendarmes projettent des vidéos.
g ☐ Selma et ses amis commentent les films qu'ils viennent de voir.
h ☐ Le principal ramène le calme dans le CDI.

Enrichissez votre **vocabulaire**

3 **Associez chaque définition au mot correspondant.**

a Un blog **b** Un message **c** Un profil **d** Un réseau social **e** Virtuel

1. ☐ Les informations données par une personne pour se présenter.
2. ☐ Un texte, plus ou moins long, destiné à une ou plusieurs personnes.
3. ☐ Un journal de bord en ligne.
4. ☐ Qui n'est pas réel.
5. ☐ Un site Internet qui permet de partager des informations et d'appartenir à une communauté d'amis.

4 **Remplissez la grille de mots croisés sur le collège à l'aide des mots que vous trouverez dans le chapitre.**

1. Il peut être de sciences, de maths, d'anglais, etc.
2. Une interruption au milieu de la matinée.
3. La personne qui dirige le collège.
4. Abréviation de professeur.
5. Avant, il était noir, maintenant il est blanc et interactif.
6. La salle où les élèves peuvent faire des recherches ou leurs devoirs.
7. L'endroit où les élèves vont manger.

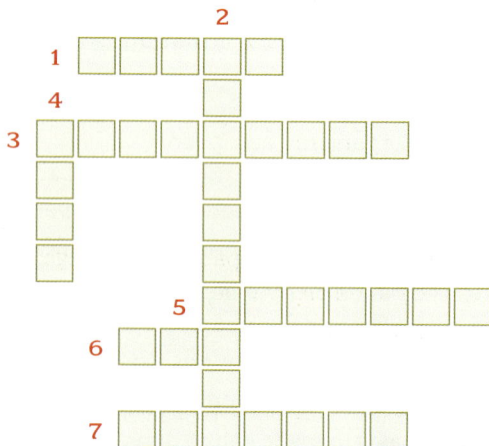

Production écrite et orale

5 **DELF** Ethan affirme : « On ne peut pas avoir d'amis virtuels. C'est complètement naze, un ami virtuel ». Êtes-vous d'accord avec lui ?

6 Vous désirez vous inscrire sur un réseau social. Préparez votre profil.

COIN CULTURE

Hadopi : les gendarmes du Net !

L'organisation Hadopi a été fondée en France en 2009. Son objectif ? Lutter contre la diffusion illégale d'œuvres sur Internet, et préserver les droits des créateurs. En effet, quand un internaute met en ligne une chanson, un livre ou un film, il crée un préjudice financier à un chanteur, à un écrivain, à un producteur. Mais que risquent ces « pirates » ? La première fois, rien : ils reçoivent seulement un courriel d'avertissement. Mais s'ils récidivent, ils risquent une amende de 1500 € maximum.

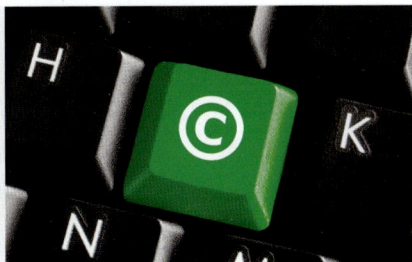

Hadopi intercepte en moyenne plus de 100 000 pirates par mois. Le courriel d'avertissement suffit en général pour les dissuader de recommencer. Mais ces pirates sont très habiles, ils savent changer d'identité, et il n'est pas facile de les trouver.

7 Lisez l'article, puis dites si les affirmations sont vraies (V) ou fausses (F).

		V	F
1	Hadopi est un organisme européen.		
2	Quand on met en ligne une chanson, on peut porter préjudice à un chanteur.		
3	Quand un internaute est coupable de piratage, Hadopi lui envoie un cadeau de bienvenue.		
4	Hadopi envoie en moyenne cent courriels d'avertissements par mois.		
5	Si les pirates récidivent, ils risquent de payer une amende de 1500 €.		

Avant de lire

1 Tous les mots suivants sont utilisés dans le chapitre 3. Associez-les à l'image correspondante.

a une cuillère   b une assiette   c un parapente   d une chanteuse

2 Les mots suivants sont utilisés dans le chapitre 3. Associez chaque mot à son contraire.

Les verbes

1	Se passionner	a	Salir
2	Nettoyer	b	Éteindre
3	Gronder	c	Refuser
4	Allumer	d	Complimenter
5	Accepter	e	Se désintéresser

Les adjectifs

1	Virtuel(le)	a	Court(e)
2	Jeune	b	Sûr(e)
3	Dangereux(-euse)	c	Vieux / vieille
4	Content(e)	d	Triste
5	Long(ue)	e	Réel(le)

Des projets pour l'été

Cette semaine, après les cours, Selma prend le car pour aller chez son père. Il habite à la campagne, à quelques kilomètres de Colmar, avec Amina sa nouvelle compagne, et leur fils Julien. Toute la famille est réunie à l'heure du dîner.

— Alors, comment ça s'est passé aujourd'hui ? Pas trop fatiguée ? demande le père de Selma.

— Non, ça va. Je n'ai eu que deux heures de cours. Après, il y avait une intervention et des ateliers sur les risques d'Internet.

— C'était intéressant ?

— Oui, mais à mon avis, c'est exagéré.

— Comment ça, exagéré ? demande Amina, qui est éducatrice spécialisée et se passionne pour tout ce qui touche aux adolescents. On peut avoir envie de passer du virtuel au réel, tu sais. Je me suis récemment occupée d'un jeune garçon de 13 ans. Il avait un soi-disant ami sur friendBook. Il a accepté de le rencontrer, et ce type en fait voulait... Julien ! Non ! Qu'est-ce que tu fais ?

Le petit garçon réclame [1] l'attention de ses parents. Il est en train de taper avec sa cuillère dans son assiette, et la purée gicle [2] sur la table, par terre, dans ses cheveux...

— Julien ! Regarde, tu en as mis partout ! C'est pas bien, maman n'est pas contente !

Selma se retient pour ne pas éclater de rire [3]. Elle adore son petit frère, elle est vraiment heureuse de passer une semaine sur deux avec lui. Elle se lève et aide Amina à nettoyer la table.

— Ne le gronde pas, il est si mignon !

— Oui, mais on ne peut pas le laisser tout faire ! Bientôt, c'est lui qui va commander ici.

— Je crois que c'est déjà lui qui commande ! s'exclame le père de Selma. Au fait ma grande, tu as des projets pour le 21 juin ?

— Le 21 juin, c'est loin ! Qu'est-ce qui se passe le 21 juin ?

— C'est la Fête de la musique !

— Ah oui, c'est vrai ! Je dois m'organiser avec Colin et...

— Moi, je serai à Paris pour le boulot le 21, tu peux me rejoindre en TGV. On passera le week-end là-bas. La Fête de la musique à

---

1. **Réclamer** : demander de manière énergique.
2. **Gicler** : être projeté dans toutes les directions.
3. **Éclater de rire** : se mettre à rire.

Paris, c'est génial ! J'en ai déjà parlé à ta mère, elle est d'accord. Mais seulement si tu as terminé tes révisions pour le brevet [4] !

— Super ! Je vais regarder sur Internet s'il y a déjà le programme. Qui sait ? Il y aura peut-être Stromae... Et pour les grandes vacances ? Vous avez décidé quelque chose ?

— Pas vraiment. Avec Julien, on ne peut pas faire de longs voyages. On pensait partir dans les Pyrénées, deux semaines en août. Ça te dit ?

— Oui, je n'y suis jamais allée. Début juillet, je vais à la mer avec maman et en août, je viens à la montagne avec vous, c'est parfait ! Tu te rappelles que, fin juillet, je me suis inscrite à un stage photo à Colmar ?

— Bien sûr ! J'ai signé les autorisations !

— Au fait, dans les Pyrénées, je pourrai faire du parapente ? demande Selma.

Le père de la jeune fille est surpris.

— Du parapente ? Quelle idée ! C'est dangereux ce sport-là !

— Mais non, réplique Selma, il suffit d'avoir un bon moniteur. J'en ai tellement envie. Ça doit être génial ! Et puis, il paraît que c'est beaucoup moins dangereux que le parachute.

— On verra, conclut son père. Si tu n'es pas trop jeune pour ce sport, et surtout si ta mère est d'accord.

Après le dîner, Selma aide Amina à mettre Julien au lit.

— Bonne nuit, petit diable ! lui dit Selma en l'embrassant.

À demain.

Une fois dans sa chambre, elle allume son ordinateur pour travailler un peu. Elle doit présenter dans deux semaines un PPT [5]

---

4. **Le brevet des collèges** : examen qui conclut les quatre années d'études au collège.
5. **PPT** : un fichier de présentation au format PowerPoint .

à sa classe sur le thème « Alimentation et prévention ». Cela va lui demander des heures de travail, mais elle tient à avoir une bonne note. Au bout d'une demi-heure, elle a trouvé un nombre incroyable d'informations intéressantes. Elle se demande comment elle va pouvoir les organiser.

Il est vingt-deux heures, et dans peu de temps, son père et Amina viendront lui souhaiter une bonne nuit. Avant d'éteindre son ordinateur, elle jette un rapide coup d'œil à friendBook. L'invitation de Garino est toujours là. Elle clique pour voir son profil. « La photo est trop rigolote [6], se dit-elle. Il aime la lecture, la musique classique et le rock ». Elle trouve ça amusant d'aimer à la fois la musique classique et le rock. Elle s'étonne de voir les noms de Debussy et Schuman à côté de ceux des Beatles et des Rollings Stones. Et puis il cite des noms de groupes et de chanteurs qu'elle ne connaît pas du tout : les Four Seasons, Simon et Garfunkel. Ça ne lui dit absolument rien. Il aime aussi Stromae et Amy Winehouse, qu'elle adore. Selma est toujours indécise. D'un côté, elle est curieuse et voudrait accepter, de l'autre, elle sait qu'il ne faut pas correspondre avec un inconnu. Ce soir encore, elle ne se décide pas à accepter ni à refuser cette étrange demande d'amitié...

---

6. **Rigolo (fam.)** : comique.

Compréhension écrite et orale

1 Écoutez l'enregistrement, puis cochez les affirmations exactes.

1 ☐ Le père de Selma vit seul à Colmar.
2 ☐ Julien est le petit frère de Selma.
3 ☐ Selma parle de sa journée au collège.
4 ☐ Julien s'endort à table.
5 ☐ Son père propose à Selma de l'emmener à Londres le 21 juin.
6 ☐ Selma doit passer toutes les grandes vacances avec sa mère.
7 ☐ Elle a envie de faire du parapente.
8 ☐ Le soir, elle accepte l'amitié de Garino.

2 Écoutez l'enregistrement, puis indiquez les phrases dans lesquelles vous entendez prononcer des nombres. Puis écrivez en toutes lettres le nombre que vous avez entendu dans chacune d'elles.

1 ☐ ....
2 ☐ ....
3 ☐ ....
4 ☐ ....
5 ☐ ....
6 ☐ ....
7 ☐ ....
8 ☐ ....

Enrichissez votre **vocabulaire**

3 Écoutez l'enregistrement, puis indiquez le lieu où ces personnes ont passé leurs vacances. À la mer, à la montagne ou à Rome ?

1 ☐ Lisa
2 ☐ Mathis
3 ☐ Sandra

a mer
b montagne
c Rome

4 Associez chaque lieu de villégiature à l'activité correspondante.

a ☐ Aller à la pêche   e ☐ Faire de l'alpinisme
b ☐ Visiter un musée   f ☐ Aller au théâtre
c ☐ Se baigner   g ☐ Faire du ski
d ☐ Faire de la voile   h ☐ Faire du surf

Grammaire

Le futur simple

*On **passera** le week-end là-bas.*

Formation
On ajoute les désinences **-ai**, **-as**, **-a**, **-ons**, **-ez**, **-ont** à l'infinitif.
passer → je passerai, tu passeras, il passera, nous passerons, vous passerez, ils/elles passeront.

Pour certains verbes qui se terminent en **-re**, on supprime le **-e** final de l'infinitif.
répond**re** → je répond**rai**   prend**re** → je prend**rai**

Attention à la formation du futur des auxiliaires et des verbes irréguliers.

avoir → j'aurai   vouloir → je voudrai
être → je serai   voir → je verrai
pouvoir → je pourrai   aller → j'irai
devoir → je devrai   faire → je ferai

Emploi
Le futur simple exprime une action ou un événement à venir qui peut être proche ou éloigné.

5 Retrouvez dans la grille les formes de ces verbes au futur.

a Prendre, tu

b Être, ils

c Regarder, on

d Avoir, je

e Finir, je

f Lire, vous

g Pouvoir, ils

h Aller, elles

i Faire, vous

j Dire, nous

R	B	I	K	Z	I	Z	P	P	S
P	E	V	R	A	Z	O	P	R	N
T	C	G	R	O	U	P	G	E	O
E	N	U	A	R	N	P	V	N	R
R	A	O	R	R	V	T	E	D	I
P	A	O	R	Y	D	J	F	R	D
Q	N	F	U	E	W	E	E	A	G
T	K	Q	L	J	S	R	R	S	Z
I	A	R	I	N	I	F	E	A	E
L	I	R	E	Z	D	W	Z	B	W

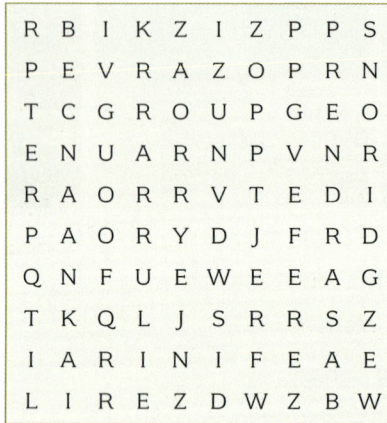

Production écrite et orale

6 DELF Selma est enthousiaste des projets faits avec son père pour la Fête de la musique et pour les grandes vacances. Elle envoie un mail (de 60 à 80 mots) à ses cousins Enzo et Adèle pour leur raconter ses projets.

7 DELF Mer, montagne ou campagne ? Où préférez-vous passer vos vacances ? Justifiez votre choix.

8 Selma parle de Garino à ses amis, Lisa et Colin. Imaginez les conseils qu'ils lui donnent.

Les festivals de *musique en France*

Carte de France avec régions et villes :

NORD-PAS-DE-CALAIS — Lille
Amiens — PICARDIE
HAUTE-NORMANDIE — Rouen
Caen — BASSE-NORMANDIE
Châlons-en-Champagne — CHAMPAGNE-ARDENNE
Metz — LORRAINE
PARIS — ÎLE-DE-FRANCE
Strasbourg — ALSACE
BRETAGNE — Rennes
Lorient
Orléans — CENTRE
Belfort — FRANCHE-COMTÉ
Dijon — BOURGOGNE — Besançon
PAYS DE LA LOIRE — Nantes
Bourges
Poitiers
La Rochelle — POITOU-CHARENTES
Angoulême
LIMOUSIN — Limoges
Clermont-Ferrand — AUVERGNE
Lyon — RHÔNE-ALPES
Bordeaux
AQUITAINE
LANGUEDOC
Orange
Avignon
Salon-de-Provence
Juan-les-Pins (Antibes)
Cannes
Marciac — MIDI-PYRÉNÉES
Toulouse
Montpellier
PROVENCE-ALPES-CÔTE D'AZUR
Marseille
ROUSSILLON
CORSE — Ajaccio

Un festival, des festivals

Quand on parle de festival en France, on pense tout de suite au cinéma avec le festival de Cannes, ou au théâtre avec le festival d'Avignon, ou encore à la BD avec le festival d'Angoulême.

Mais saviez-vous que les premiers festivals avaient pour thème la musique ? Attention, il ne s'agissait pas de musique pop ou de musique rock mais de musique sacrée. Ils sont nés en Grande Bretagne, au XVIIIe siècle.

C'est encore la musique qui a rassemblé les foules sous Napoléon III, au XIXe siècle, avec le mouvement orphéonique. Le chant choral était alors à l'honneur, et cette passion unissait régulièrement des milliers de choristes et de spectateurs.

Mais c'est après la Deuxième Guerre mondiale que sont créés les premiers festivals de musique que nous connaissons aujourd'hui : de grands rassemblements, en général en plein air, ou dans des lieux atypiques, pour tous les publics et tous les goûts. Aujourd'hui toutes les musiques – classique, rock, pop, opéra, baroque, etc. – ont « leur » festival.

Le jazz

Jazz à Juan

La première édition de ce festival a lieu en 1960, en hommage à Sidney Bechet, qui avait passé à Antibes les dix dernières années de sa vie. Depuis, tous les ans en juillet, Juan-les-Pins (quartier d'Antibes) accueille les plus grands artistes de jazz, dans une pinède face à la mer méditerranée. Des artistes venus de tous les continents se rencontrent, et se lancent, pour la plus grande joie d'un public passionné, dans des improvisations appelées les « bœufs ».

Jazz in Marciac

Marciac n'est pas comme Juan-les-Pins un lieu de villégiature international. C'est un tout petit village de 1 500 habitants, situé dans le département du Gers. Tous les ans, en été, Marciac accueille plus de 200 000 personnes pour « Jazz in Marciac, JIM ».

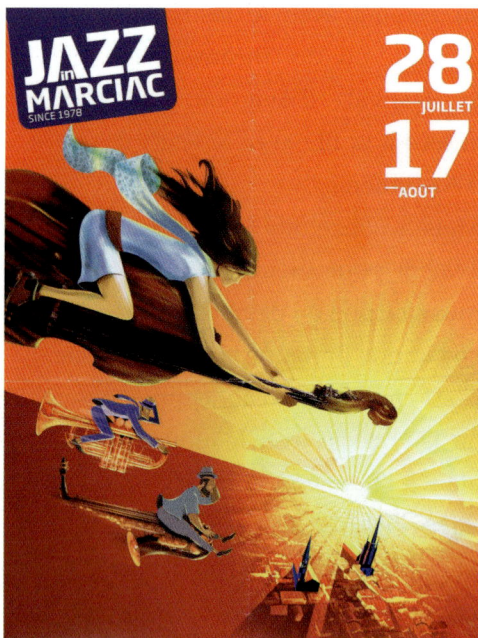

Le premier « festival », en 1978, n'était qu'un seul et unique concert organisé à l'initiative d'un jeune prof d'anglais. Depuis, les plus grands noms du jazz viennent à Marciac et se produisent sur la place du village, sous un grand chapiteau.

La chanson française et francophone

Le printemps de Bourges

Créé en 1976, le printemps de Bourges est « un lieu de création, d'expression et de confrontation sur la chanson d'aujourd'hui ».

Pendant cinq jours, la petite ville de Bourges rend hommage aux grands artistes reconnus de la chanson française comme Gainsbourg et Bernard Lavilliers, par exemple. Elle ouvre aussi ses portes à de nouveaux artistes, dans sa section découverte, et à de nouvelles formes musicales, comme le rap ou le rock nouveau. Tous les ans, 100 000 festivaliers envahissent cette ville de 60 000 habitants.

Les Francofolies de La Rochelle

Ce festival, créé en 1985, rend hommage aux plus grands artistes de la chanson française et francophone. Pendant quatre jours, ces artistes se produisent sur plusieurs sites de la ville. Ce festival soutient aussi les jeunes artistes en début de carrière, et veut promouvoir la diversité culturelle francophone.

En 1989, les Francofolies de la Rochelle ont eu un « petit frère » de l'autre côté de l'Atlantique avec les Francofolies de Montréal.

Musiques d'ici et d'ailleurs

Le festival Interceltique de Lorient

C'est la grande fête des celtes : pour participer à ce festival, ils viennent de Bretagne, d'Irlande, d'Écosse et de Cornouailles (Grande-Bretagne), des Asturies et de Galice (en Espagne) ou d'Acadie (province canadienne). Ils se retrouvent pour faire vibrer et danser des centaines de milliers de spectateurs dans la petite ville de Lorient. La grande parade, au moment où tous les groupes (les bagads) défilent dans leurs costumes traditionnels, est l'un des temps forts de cette rencontre. C'est le festival qui attire le plus de spectateurs (de 600 000 à 700 000 personnes).

Africolor

Ce festival atypique a été fortement voulu par un ex-journaliste militant passionné de musique africaine. Il est atypique pour plusieurs raisons. En premier lieu, parce qu'il se déroule dans un département entier : le 93, en Seine-Saint-Denis, dans la banlieue nord-est de Paris. En deuxième lieu, parce que ce festival est relativement long puisqu'il dure un mois. Et en troisième lieu, parce qu'il ne se déroule pas en été, comme pratiquement tous les autres, mais en hiver (de fin novembre à Noël).

Le rock

Les Eurockéennes de Belfort

La presqu'île du Malsaucy, située entre un lac et un étang, et à quelques kilomètres de Belfort, est un lieu où viennent se réfugier les amoureux du calme et de la nature. Pourtant, depuis 1989, cette presqu'île s'anime tous les premiers week-ends de juillet et devient pour quelques jours la capitale du rock.

Les Eurockéennes ne sont pas seulement trois jours et trois nuits de musique mais aussi un engagement citoyen pour défendre les valeurs de la solidarité et du développement durable. Elles prouvent que rock et protection de l'environnement peuvent faire bon ménage !

Compréhension écrite

1 **Lisez le dossier, puis associez chaque affirmation à son festival.**

1. ☐ C'est un très grand festival dans un tout petit village.
2. ☐ Il a été créé en hommage à Sidney Bechet.
3. ☐ Il a un frère jumeau à Montréal.
4. ☐ C'est le festival de musique où il y a le plus de spectateurs.
5. ☐ Il se déroule dans la banlieue parisienne.
6. ☐ On y entend des bagads.
7. ☐ Il a été créé en 1976.
8. ☐ On y fait des « bœufs ».
9. ☐ Il se déroule entre un lac et un étang.
10. ☐ Il a lieu avant Noël.

a Jazz in Marciac
b Les Francofolies de La Rochelle
c Les Eurockéennes
d Le festival Interceltique
e Africolor
f Le printemps de Bourges
g Jazz à Juan

Avant de lire

1 Les mots suivants sont utilisés dans le chapitre 4. Associez chaque mot à la photo correspondante.

a une caricature

b un stylo

c un scooter

d une glace

e le bac des CD

f un dessin

g des framboises

h une carte cadeau

i un casque

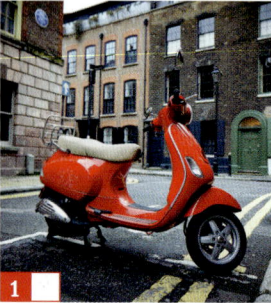
1

2

3

4

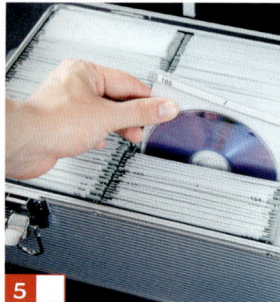
5

6

7

8

9

Petite pause entre amis

Les jours et les semaines passent. Selma et ses amis commencent à être fatigués du collège, ils rêvent déjà de vacances. Mais il faut encore travailler, faire ses devoirs, apprendre ses leçons, et surtout réviser. Le brevet des collèges approche, et la tension monte. Selma a eu de bonnes notes pendant toute l'année, mais les quatre épreuves qu'elle doit encore passer l'inquiètent, surtout celle d'histoire des arts. C'est une épreuve orale, et elle a peur d'être intimidée. Elle se demande comment sera le jury. La nuit, elle fait parfois des cauchemars[1] : les profs la regardent sévèrement, elle essaie de parler mais pas un mot ne sort de sa bouche. Elle a

---

1. **Un cauchemar** : un mauvais rêve.

raconté ce cauchemar sur sa page friendBook. Quand il l'a lu, Colin a bien ri. Il lui a posté une réponse :

> Tu es complètement folle ! Tu vas l'avoir ton brevet, sans problèmes. Tu es une des meilleures élèves de la classe.

Garino a répondu, lui aussi, à sa manière. Sur sa propre page friendBook, il a posté la caricature d'un prof, et un message qui est adressé à Selma, elle le sait.

> Avant chaque examen, je faisais toujours ce cauchemar : je viens de lire le sujet, tout va bien, je suis concentré, je connais les réponses. Mais mon stylo n'écrit pas. Je prends un autre stylo, il n'écrit pas non plus. J'ai une trousse pleine de stylos, mais aucun ne fonctionne. Je me réveille complètement paniqué.

Ainsi, même si elle n'a pas accepté la demande d'amitié de Garino, elle sait qu'il lit les messages qu'elle poste. Et elle, elle va sur sa page tous les jours. Elle trouve à chaque fois un nouveau lien vers une page web de musique. Selma les écoute tous, et découvre ainsi des chanteurs et des groupes qu'elle ne connaissait pas.

Cet après-midi, Selma a rendez-vous avec Colin et Lisa au rayon BD de la plus grande librairie de Colmar. Lisa est en retard. En attendant leur amie, Colin et Selma s'assoient par terre et feuillettent ensemble les derniers mangas parus. Colin adore les mangas fantastiques, Selma, elle, préfère ceux qui parlent d'amitié. Tous les deux sont des fans de BD : le graphisme, les dessins, tout cela les passionne. Plus tard, Colin voudrait apprendre le japonais car il rêve de créer ses propres mangas.

— Salut ! Excusez-moi, je suis un peu en retard, dit Lisa en arrivant, encore essoufflée.

C'est à peine si Selma et Colin lèvent les yeux vers elle.

— Regarde Selma, le dernier... mais Colin n'a pas le temps de finir sa phrase.

— Encore vos mangas ! Tu sais que je n'aime pas ces dessins. Je trouve qu'ils sont tous pareils !

Colin remet l'album à sa place, à contrecœur.

— Tu ne le prends pas ? lui demande Selma.

— Non, je n'ai pas assez d'argent. Et je dois acheter un CD pour l'anniversaire de mon frère. Mais si un jour tu veux me faire un cadeau...

— Demande à tes parents de t'offrir la collection pour ton brevet, dit Lisa en plaisantant.

— Non, pour le brevet, je rêve d'avoir un scooter pour aller au lycée !

Lisa soupire.

— Un scooter ! Je ne pourrais jamais demander ça à mes parents. Je les entends déjà me dire : « Un scooter ? À ton âge ? C'est beaucoup trop dangereux, avec toutes ces voitures sur les routes ! »

Les trois amis éclatent de rire, et vont au rayon musique.

— Vous m'aidez à choisir ? demande Colin.

— Qu'est-ce qu'il aime ton frère ? demande Selma.

— Il aime le hard.

Selma, elle, déteste le hard. Elle fouille[2] un peu au hasard dans les bacs. « Tiens ! Simon et Garfunkel, et les Four Seasons. »

Garino lui en a parlé. Un des casques à la disposition des clients est libre. Elle le pose sur ses oreilles, et écoute les CD. Elle est tellement absorbée par la musique qu'elle n'entend pas Colin et

2. **Fouiller** : chercher.

Lisa arriver. Colin soulève le casque de Selma pour écouter lui aussi.

— Qu'est-ce que tu écoutes ? Je ne cherche pas un cadeau pour mes parents, mais pour mon frère ! T'aimes ça, toi ?

Selma est vexée. Elle foudroie Colin du regard. Il comprend qu'il vaut mieux ne pas insister.

Selma ne veut pas parler de Garino, alors elle change de conversation.

— Tu as trouvé quelque chose pour ton frère ? demande-t-elle à Colin.

— Non... Je crois que je vais prendre une carte cadeau, comme ça il pourra télécharger ce qu'il veut sur son Mp3. Bon, qu'est-ce qu'on fait après ?

— Moi, je dois rentrer à dix-sept heures, dit Lisa. Je n'ai pas intérêt à être en retard !

Colin, un peu déçu, se tourne vers Selma.

— Et toi ?

— Moi, je n'ai pas d'heure, mais je voudrais réviser un peu.

— Alors tu rentres ?

— Oui, mais avant, je veux bien prendre une glace, ça te dit...

— Ok !

Les deux amis savourent leur glace : parfum chocolat-praliné pour Colin, vanille-framboise pour Selma. Ils se promènent dans le quartier de la Petite Venise, le long de la rivière. Ils parlent du futur : l'année prochaine, ils ne seront pas dans le même lycée. Mais, ils sont persuadés qu'ils resteront amis.

Compréhension écrite et orale

🔊 **❶ DELF** Écoutez et lisez le chapitre, puis cochez les affirmations exactes.

1 À l'approche de la fin de l'année scolaire, Selma et ses amis
   a ☐ sont fatigués.
   b ☐ se sentent déjà en vacances.

2 Selma fait des cauchemars parce qu'elle
   a ☐ a peur de l'examen.
   b ☐ reçoit des messages mystérieux.

3 Sur friendBook, Garino
   a ☐ se moque de Selma.
   b ☐ rassure Selma.

4 Selma, Lisa et Colin ont rendez-vous dans une librairie, au rayon
   a ☐ DVD. b ☐ BD.

5 Selma et Colin aiment
   a ☐ des mangas différents. b ☐ les mêmes mangas.

6 Au rayon musique, Colin doit acheter un cadeau pour
   a ☐ sa mère. b ☐ son frère.

7 Pendant que Colin cherche ce cadeau, Selma
   a ☐ lit des mangas. b ☐ écoute des CD.

8 Colin se moque de Selma parce qu'elle
   a ☐ a peur quand il lui enlève son casque.
   b ☐ écoute des chansons qui ne sont plus à la mode.

❷ DELF Cochez les phrases que vous entendez.

1 ☐ Selma a eu de bonnes notes pendant toute l'année.
2 ☐ Elle voit les profs qui la regardent sévèrement.
3 ☐ Selma les ouvre tous et découvre ainsi des chanteurs.
4 ☐ Excusez-moi, je suis un peu en retard.
5 ☐ Colin remet l'album dans le bac, à contrecœur.
6 ☐ Moi, je dois rentrer à sept heures, dit Lisa.
7 ☐ Je veux bien prendre une glace.
8 ☐ Ils se promènent dans le quartier de Venise.

46

Enrichissez votre **vocabulaire**

3 **Associez chaque parfum de glace au fruit correspondant.**

a ☐ Poire   c ☐ Praliné   e ☐ Mangue

b ☐ Fraise   d ☐ Vanille   f ☐ Citron

1

2

3

4

5

6

Grammaire

Les pronoms relatifs *qui* et *que*

Elle voit les profs **qui** *la regardent sévèrement.*
Elle découvre des groupes **qu'***elle ne connaissait pas.*
Le pronom relatif **qui** est le sujet du verbe de la proposition relative. Il ne s'élide jamais.
Il regarde la pomme **qui** *est sur la table.*
Le pronom relatif **que** est le complément d'objet direct du verbe de la proposition relative. Il s'élide devant une voyelle.
Elle visite une ville **qu'***elle ne connaît pas.*

4 *Qui* ou *que* (*qu'*) ? **Complétez les phrases.**

1 Selma pense à l'examen ..... elle doit passer dans deux mois.
2 Colin lit un manga ..... vient de paraître.
3 Les BD ..... je préfère, ce sont les mangas.
4 Lisa est une fille ..... adore rire.
5 Elle est très intéressée par les messages ..... Garino lui envoie.
6 Le cauchemar ..... j'ai fait la nuit dernière m'a fait peur.
7 Le hard, c'est un genre de musique ..... son frère adore.
8 C'est un groupe anglais ..... s'est formé dans les années 60.

Production écrite et orale

5 DELF Vous avez passé un samedi après-midi entre copains. Racontez, puis donnez une appréciation sur votre après-midi.

6 DELF Selma et Colin adorent les BD. Aimez-vous ce genre de lecture ? Si oui, dites quelles BD vous appréciez particulièrement et celles que vous lisez régulièrement. Si non, dites pourquoi.

COIN CULTURE

La BD, un art à part entière

La bande dessinée est aujourd'hui un art apprécié et reconnu : il est appelé le 9e art. Ce genre associe la littérature (une BD raconte une histoire) au graphisme. Dans une bonne BD, l'histoire est aussi importante que les dessins.

Le nombre de titres publiés est en constante augmentation, et les lecteurs sont de plus en plus exigeants.

Trois Français sur quatre lisent des BD. Les plus intéressés sont les hommes qui ont fait des études supérieures, et qui sont aussi de grands lecteurs de romans. Les adolescents lisent surtout des mangas. Les adultes, eux, préfèrent la BD francophone. Ils adorent lire et relire les albums de Tintin, Astérix, Gaston Lagaffe ou Agrippine, et découvrir de nouveaux auteurs.

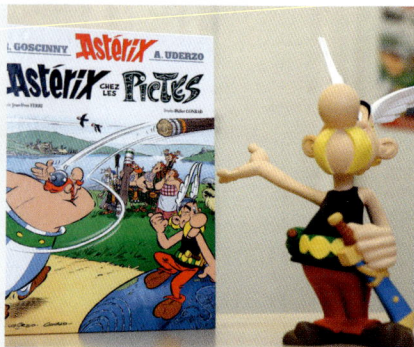

7 Lisez l'article, puis cochez les réponses exactes.

1 Dans une bonne BD,
   a ☐ l'histoire est plus importante que le graphisme.
   b ☐ le graphisme et l'histoire ont la même importance.

2 Les lecteurs de BD en France sont
   a ☐ surtout des hommes.
   b ☐ des personnes qui n'ont pas fait d'études.

3 Tintin, Astérix, Gaston Lagaffe, Agrippine sont
   a ☐ des auteurs de BD.
   b ☐ des héros de BD.

Avant de lire

1 Les mots suivants sont utilisés dans le chapitre 5. Associez chaque mot à sa définition.

1 ☐ une tradition   4 ☐ une gaffe

2 ☐ une gamine   5 ☐ un pseudo

3 ☐ le bac

a   Action ou paroles qu'il ne faut pas faire ou dire, parce qu'elles créent une situation désagréable.

b   Manière familière pour parler d'une « petite fille ».

c   Abréviation du mot « pseudonyme », faux nom.

d   Abréviation du mot « baccalauréat », examen que l'on passe à la fin du lycée.

e   Pratique transmise de génération en génération.

2 Associez chaque verbe à son synonyme.

1 ☐ jurer   a   persuader

2 ☐ convaincre   b   observer en secret

3 ☐ espionner   c   affirmer avec force

4 ☐ se coucher   d   aller dormir

Compréhension de l'image

3 Observez le dessin page 50, puis dites si les affirmations sont vraies (V) ou fausses (F).

	V	F
1 On fête un anniversaire.	☐	☐
2 Il y a des bougies sur le gâteau.	☐	☐
3 Ils ont commencé à manger le gâteau.	☐	☐
4 Il y a quatre verres posés sur la table.	☐	☐

Une fête gâchée

Dépêche-toi, Selma ! Je veux éviter les embouteillages[1] !

— J'arrive, maman !

Selma monte dans la voiture. Elle et sa mère sont en route pour Villé. Pour une fois, Selma est contente de passer un week-end à la campagne. C'est l'anniversaire de son grand-père, et il y aura aussi ses cousins, Enzo et Adèle. Ils habitent à Bordeaux, elle ne les voit pas souvent. Ils ont prévu de faire une balade[2] à vélo tous ensemble, dans l'après-midi. Dimanche, toute la famille préparera le repas d'anniversaire. C'est une joyeuse tradition familiale ! Et puis ces derniers temps,

---

1. **Un embouteillage** : blocage de la circulation, quand il y a trop de voitures.
2. **Une balade** : promenade.

Une fête gâchée

son grand-père est moins stressant, il ne la traite plus comme une gamine.

— Dis maman, tu crois que papi va être content de son cadeau ?

— Mince !

— Qu'est-ce qu'il y a ?

— Le cadeau ! Le cadeau de papi ! Tu l'as pris, j'espère ?

— Ben non. J'ai juste pris mon sac.

— Alors on l'a oublié sur la table de la salle à manger ! Il faut faire demi-tour. Appelle tes grands-parents, dis-leur qu'on arrivera plus tard que prévu !

Quand Selma arrive à Villé, ses cousins sont déjà là. Ils l'entraînent immédiatement dans le jardin, ils ont tellement de choses à lui raconter. Le samedi après-midi se déroule [3] comme prévu, et ils font une belle promenade à vélo.

Le lendemain, toute la famille s'affaire [4] dans la cuisine pour la préparation du repas. La conversation porte sur les examens car Enzo passe le bac dans quelques semaines.

— J'angoisse ! dit Enzo, j'ai peur pour l'épreuve de maths. Il paraît que l'année dernière, le sujet était super difficile !

— Et toi Selma, tu ne fais plus de cauchemars ? lui demande son grand-père.

Selma se tourne vers lui et laisse tomber l'œuf qu'elle venait de sortir du frigo pour préparer la mayonnaise. Tous les regards se dirigent vers elle. La jeune fille est pétrifiée.

— Selma, fais attention ! lui dit sa mère.

— Ce n'est pas grave, intervient sa grand-mère. Je vais nettoyer ça tout de suite.

3. **Se dérouler** : se passer.
4. **S'affairer** : être très occupé.

Mais Selma ne les entend pas. Elle regarde fixement son grand-père.

— Comment tu sais que je fais des cauchemars ? dit-elle en colère. Tu m'espionnes sur friendBook, c'est ça ?

Le grand-père de Selma se rend compte qu'il vient de faire une gaffe énorme. Il ne sait pas quoi répondre. Selma insiste, et son grand-père finit par avouer que Garino, c'est lui.

La jeune fille, les larmes aux yeux, s'enfuit dans sa chambre.

Dans la cuisine, son grand-père raconte comment il a cherché la page de sa petite-fille sur friendBook, uniquement pour mieux la connaître, et essayer de dialoguer avec elle.

Adèle est très dure avec lui.

— Tu as eu tort ! Tu devais lui dire qui tu étais. Ce que tu as fait, c'est vraiment pas sympa !

Enzo est beaucoup moins sévère.

— Mais ce n'est pas si grave que ça ! Il n'avait pas de mauvaises intentions !

Son grand-père a beau jurer qu'il ne voulait pas contrôler Selma, Adèle reste inflexible.

Le grand-père est sincèrement désolé. Il va frapper à la porte de Selma, il voudrait lui expliquer pourquoi il se fait appeler Garino, lui dire que tous ses amis le connaissent sous ce pseudo, mais elle refuse de lui ouvrir. Personne ne réussit à la convaincre de participer au repas d'anniversaire. Elle ne sort de sa chambre que pour monter dans la voiture, quand il est l'heure de repartir.

Sur le chemin du retour, Selma ne desserre pas les dents [5]. Elle est vexée [6], déçue et en colère.

---

5. **Ne pas desserer les dents** : rester silencieux.
6. **Vexé** : humilié, blessé.

Sa mère est très ennuyée : elle comprend sa fille mais aussi son père. Elle voudrait lui trouver des excuses.

— Tu sais Selma, ton grand-père ne voulait pas t'espionner. Il cherchait seulement à dialoguer avec toi. À Villé, tu ne parles jamais avec lui, c'est tout juste si tu réponds à ses questions !

Mais face à tous ces arguments, Selma n'a qu'une seule réponse :

— Pourquoi il a utilisé un faux nom ? Il devait me dire tout de suite qui il était !

— Parce que sinon, tu n'aurais jamais dialogué avec lui. Et puis, Garino n'est pas vraiment un faux nom. « Ga », c'est le début du prénom de ton grand-père, Gabriel !

— Et « rino », c'est qui ? Un rhinocéros ? Arrête maman, je ne veux plus en parler !

Le reste du voyage se poursuit dans le silence. Arrivée chez elle, Selma va tout de suite dans sa chambre. Elle prépare ses affaires pour aller chez son père. Elle voudrait y aller immédiatement, mais il est trop tard. Avant de se coucher, elle allume son ordinateur et bloque l'accès de Garino à sa page friendBook. Elle ne lit même pas le message que son grand-père lui a envoyé. Elle sait très bien qu'il veut s'excuser, lui expliquer. Mais elle ne veut rien savoir.

Compréhension écrite et orale

1 Écoutez et lisez le chapitre, puis remettez les affirmations dans l'ordre.

a ☐ Selma interdit à Garino d'accéder à sa page friendBook.
b ☐ Véronique essaie d'excuser son père.
c ☐ Selma et ses cousins font une balade à vélo.
d ☐ Selma et sa mère partent pour Villé.
e ☐ Selma s'enferme dans sa chambre à Villé.
f ☐ Adèle se met en colère contre son grand-père.
g ☐ Selma laisse tomber un œuf par terre.
h ☐ Elles retournent à Colmar parce qu'elles ont oublié le cadeau d'anniversaire.

2 Dites qui prononce ces phrases : la mère de Selma (M), Enzo (E), le grand-père (G) ou Adèle (A) ?

	M	E	G	A
1 Appelle tes grands-parents !	☐	☐	☐	☐
2 J'ai peur pour l'épreuve de maths.	☐	☐	☐	☐
3 Tu ne fais plus de cauchemars ?	☐	☐	☐	☐
4 Tu as eu tort.	☐	☐	☐	☐
5 Ce n'est pas si grave que ça !	☐	☐	☐	☐
6 Il cherchait seulement à dialoguer avec toi.	☐	☐	☐	☐

3 Associez chaque action à un ou plusieurs personnages.

	Selma	Gabriel	Véronique	Adèle	Enzo
1 Faire le trajet Villé-Colmar.					
2 Faire une balade à vélo.					
3 Être en colère contre son grand-père.					
4 Se justifier, s'excuser.					
5 S'enfermer dans la chambre.					
6 Passer le bac.					

55

Enrichissez votre vocabulaire

4 Écoutez l'enregistrement, puis cochez les photos des utensiles et des ingrédients nécessaires pour faire la recette de la mayonnaise.

 1

 2

 3

 4

 5

 6

 7

 8

 9

 10

5 Associez chaque pièce à sa fonction.

a le salon

b le couloir

c la chambre

d la cuisine

e la cave

f la salle de bains

1 ☐ C'est un lieu de passage.

2 ☐ On y fait sa toilette tous les matins.

3 ☐ La pièce où l'on prépare à manger.

4 ☐ C'est la pièce où l'on dort.

5 ☐ On y reçoit ses amis.

6 ☐ Pièce où l'on conserve certains aliments.

Production écrite et orale

6 Adèle et Enzo ont des positions différentes : Adèle accuse son grand-père, Enzo le défend. Avec qui êtes-vous d'accord ? Dites pourquoi.

7 **DELF** « Elle ne lit même pas le message que son grand-père lui a envoyé. Elle sait très bien qu'il veut s'excuser, lui expliquer. » Imaginez le message que le grand-père de Selma lui a envoyé (de 60 à 80 mots).

COIN CULTURE

La pâtisserie française fait de la résistance

Le « scrapcooking » a envahi la France, comme tous les pays d'Europe. Cette pâtisserie décorative, venue des États-Unis, parle plus aux yeux qu'aux papilles. Face à cette mode, la pâtisserie traditionnelle fait de la résistance. Elle met en avant un produit de luxe, le macaron : les plus grands pâtissiers comme Ladurée, ouvrent des boutiques partout dans le monde. Quant aux consommateurs français, ils restent attachés à la pâtisserie traditionnelle. En effet, la tarte aux pommes, le fondant au chocolat, les profiteroles sont dans la liste des 10 desserts préférés des Français. Un seul « étranger » s'est glissé dans ce classement : le tiramisu, qui prend la troisième place.

9 Lisez cet article, puis dites si les affirmations sont vraies (V), fausses (F), ou si la réponse n'est pas dans l'article (?).

	V	F	?
1 Le « scrapcooking » est une pâtisserie sans crème.			
2 Le « scrapcooking » vient de Chine.			
3 On trouve des macarons seulement en France.			
4 Ladurée est le nom d'un grand pâtissier.			
5 Les Français aiment la pâtisserie traditionnelle.			
6 Les Français consomment en moyenne 123 gâteaux par an et par personne.			
7 Le tiramisu fait partie des gâteaux préférés des Français.			

Les réseaux *sociaux*

Qu'est-ce que c'est ?

Un réseau social est un ensemble de personnes réunies par un lien social comme votre classe par exemple. Elle représente une communauté d'individus (élèves, professeurs) reliés entre eux par différents centres d'intérêts, et qui échangent des informations dans un but commun.

Depuis 1990, les réseaux sociaux sont devenus virtuels. On comprend très vite que l'Internet offre la possibilité de regrouper des personnes du monde entier, unies par un intérêt, une passion commune. Mais c'est en 2004, avec la création de Facebook, que les réseaux sociaux virtuels sont véritablement entrés dans notre vie quotidienne.

Facebook, ou l'histoire d'une idée de génie

Quand Marc Zuckerberg crée Facebook en 2004, il n'a que 20 ans. Ce jeune Américain, passionné d'informatique est alors étudiant à Harvard. Il imagine Facebook pour mettre en contact les étudiants de son université, c'est-à-dire environ 25 000 personnes. Puis il l'étend à toutes les universités américaines.

Deux ans plus tard, le réseau est accessible à tous, et son succès devient vite mondial. Facebook efface les quelques réseaux qui existaient alors et qui offraient des fonctionnalités plus limitées. Dix ans après, le succès de Facebook fait de Marc Zuckerberg le plus jeune milliardaire de la planète.

Et en France ?

Aujourd'hui, Facebook est, avec Twitter et YouTube, le réseau préféré des Français.

Dans le Top 10 de ces réseaux, on trouve aussi des initiatives bien françaises, comme Copains d'avant et Viadeo.

Copains d'avant

Créé en 2001, ce réseau social français permet aux internautes de retrouver des amis, des copains de classe. Le principe est simple : on s'inscrit (c'est gratuit), on indique quels établissements scolaires on a fréquenté (école, collège, lycée, université), et quand. On entre ainsi dans la base de données du réseau, et on peut retrouver des « copains d'avant ». L'idée fonctionne très bien car les adultes gardent tous un souvenir nostalgique de leur jeunesse, et ils ont envie de savoir ce que sont devenus leurs anciens amis. Très souvent, les internautes passent du virtuel au réel, en organisant des repas de retrouvailles.

Tout a commencé sur Copains d'avant. J'y ai d'abord retrouvé Anne-Lise, ma meilleure amie de l'époque. Puis je suis entrée en contact avec Laurent, un autre de la « bande ». L'idée d'élargir les recherches et d'organiser des retrouvailles s'est rapidement imposée. Tout est allé assez vite : j'ai entamé les recherches en juillet, et notre fête s'est déroulée en septembre, 14 ans après la fin de nos années collège.
Stéphanie

Viadeo

La crise économique et la difficulté de trouver du travail ont favorisé la naissance de réseaux professionnels. Viadeo, lancé en France en 2004, réunit aujourd'hui 60 millions de membres dans le monde entier. On s'inscrit sur Viadeo pour se faire connaître dans un milieu professionnel, pour trouver de nouveaux marchés, ou pour se lancer dans une nouvelle carrière.

Des réseaux qui rapportent

Quand ils marchent, les réseaux sociaux virtuels deviennent de véritables entreprises qui donnent du travail à des centaines de personnes, et qui produisent beaucoup de richesses. Comment cela est-il possible puisque l'inscription est en général gratuite ?

La réponse est simple : c'est la publicité qui enrichit les réseaux sociaux. En effet, les réseaux permettent aux entreprises de « cibler » exactement leur publicité. Quand vous vous inscrivez sur un réseau social, vous entrez des informations sur vous : par exemple votre âge, ou encore vos intérêts. Si vous avez 15 ans et que vous aimez les jeux vidéo, vous visualiserez sur votre page de réseau social des publicités en rapport avec vos passions, mais vous ne recevrez pas de publicité pour des cannes à pêche ou des produits bio par exemple.

Des réseaux sous haute surveillance

Le réseau social est vécu par ses membres comme un espace de liberté totale. Très vite, on s'est rendu compte que cette liberté comporte des risques. Les institutions tentent de trouver des solutions pour répondre aux questions que soulève l'utilisation des réseaux sociaux, notamment en ce qui concerne :

- la protection des mineurs : comment s'assurer qu'un mineur, ne sera pas victime d'un quelconque « prédateur » sur un réseau social ?
- le respect de la vie privée : que font les réseaux de toutes les informations qu'ils accumulent sur leurs adhérents ? Les états peuvent-ils s'approprier ces données pour exercer un plus grand contrôle sur leurs concitoyens ?
- le respect de l'autre : peut-on écrire tout et n'importe quoi sur la page d'un réseau social ? Les écrits racistes, les insultes, les diffamations sont interdites par la loi, comment peut-on les punir sur les réseaux sociaux ?

Compréhension écrite

1 **Lisez le dossier, puis trouvez la solution à ces affirmations.**

1 Il a créé Facebook.
2 C'est le nom d'un réseau social professionnel.
3 Il permet de retrouver ses amis de jeunesse.
4 Le créateur de Facebook a fait ses études dans cette université.
5 C'est la principale source de revenus des réseaux sociaux.
6 C'est l'année de création de Facebook.

Production écrite et orale

2 **Êtes-vous inscrit sur un réseau social ? Si oui, que faites-vous pour éviter les « mauvaises rencontres » ? Si non, expliquez pourquoi vous n'êtes pas inscrit(e).**

3 **Connaissez-vous quelqu'un qui a été victime d'un réseau social ? Racontez.**

Avant de lire

1 Les mots suivants sont utilisés dans le chapitre 6. Complétez les pointillés à l'aide des photos.

1   Elle est triste, une grosse .... coule sur sa joue.

2   On va lui offrir un joli .... pour son anniversaire.

3   L' .... du message est une enveloppe.

4   Pourquoi tu dessines des .... ? Tu es amoureux ?

2 Associez chaque verbe à sa définition.

1 ☐ Refuser   4 ☐ S'afficher

2 ☐ Dénoncer   5 ☐ Tricher

3 ☐ Promettre   6 ☐ Tenter

a   Donner le nom du responsable d'une action.

b   Apparaître sur un écran.

c   Assurer que l'on fera quelque chose.

d   Essayer.

e   Ne pas respecter les règles, se comporter de façon malhonnête.

f   Ne pas accepter.

Rien ne va plus !

Chez son père, Selma essaie de ne plus penser à sa mésaventure. Elle est furieuse contre son grand-père, mais aussi contre elle-même. Au fond, son profil friendBook est libre d'accès, son grand-père pouvait le consulter, comme tant d'autres. Ce qu'elle lui reproche, c'est d'avoir triché : il a utilisé un pseudo et montré un caractère tout à fait différent du sien. Son grand-père est un homme trop sérieux, trop tranquille à son goût, qui ne s'intéresse pas au monde d'aujourd'hui. Garino, lui, est dynamique, spirituel, ouvert. Elle se sent perdue et trahie. Elle en a beaucoup parlé avec Amina, qui est habituée à ce genre d'histoires.

— Tu sais, avec les réseaux sociaux, il peut arriver des choses beaucoup plus graves. Tu te souviens, j'avais commencé à te

parler de Samir, l'autre jour, un jeune collégien de 13 ans. Eh bien, il a accepté l'amitié d'une personne qui avait posté un profil très attirant : sympa, ouvert, disponible. Il a accepté de rencontrer son ami virtuel. Et il est tombé de haut [1] : cet homme voulait se servir de lui pour un trafic louche [2], dans son collège. Heureusement, Samir l'a dénoncé, mais le choc psychologique a été terrible pour lui.

— Pourquoi ? demande Selma.

— Parce qu'il a accordé sa confiance à quelqu'un, et qu'il a été trompé. C'est ce que tu ressens pour ton grand-père, même si lui ne voulait absolument pas te faire de mal.

Durant la semaine, une autre mauvaise surprise attend Selma. Un soir, alors que son père rentre du travail, elle remarque immédiatement qu'il a l'air contrarié.

— Qu'est-ce qui se passe, papa ? Tu as des problèmes au travail ?

— Oui… enfin non pas vraiment.

— Oui ou non ?

— Eh bien voilà : Paris, la Fête de la musique, ça ne va pas être possible…

— Pourquoi ? Tu m'avais promis !

— Je sais, mais ça ne dépend pas de moi. Il y a eu un changement de programme, je dois aller à Londres du 18 au 23 juin.

— Mais tu devais aller à Paris, à cette date ! Ce n'est pas juste ! Tu ne peux absolument pas refuser ?

— Non, je dois y aller pour rencontrer des clients importants de ma société, j'irai à Paris début juillet. Je suis vraiment désolé, ma chérie.

1. **Tomber de haut** : être désagréablement surpris.
2. **Louche** : ici, pas honnête.

Rien ne va plus !

— C'est vraiment pas cool !

Selma a du mal à retenir ses larmes. Elle se réfugie dans sa chambre, met ses écouteurs dans les oreilles, et écoute Stromae. Sur son portable, l'icone « message » s'affiche. Encore son grand-père ! Elle efface rageusement [3] le message sans même l'ouvrir.

Selma est en colère contre tous les adultes. Son grand-père est hypocrite ; son père ne tient pas ses promesses ; sa mère ne la comprend pas. Décidément, elle voudrait être plus grande, et partir loin d'eux !

À Villé, le grand-père de Selma est triste et confus lui aussi. Il ne sait plus comment s'y prendre pour se faire pardonner. Il a tenté plusieurs fois d'appeler sa petite-fille sur son portable et chez elle, mais elle n'a jamais voulu lui répondre. Tous les textos qu'il lui a envoyés sont restés sans réponse. Un soir, il décide d'en parler avec sa femme et sa fille.

— Et si je lui faisais un cadeau ? Qu'est-ce qui pourrait lui faire plaisir ? demande-t-il.

— Selon moi, répond sa femme, ce n'est pas une bonne solution. Tu la connais, elle est orgueilleuse, elle va croire que tu veux l'acheter.

— Oui, maman a raison, poursuit Véronique, à mon avis, il faut lui expliquer pourquoi tu t'appelles Garino sur friendBook, arriver à lui faire comprendre que ce n'est pas un pseudo inventé pour la tromper. Moi, j'ai essayé, mais elle ne m'a pas laissé finir.

— Je ne pense pas que ça l'intéresse... Et puis, à quoi ça sert ? Je ne suis plus Garino. Tout ça, c'est du passé, et c'est bien loin !

---

3. **Rageusement** : avec colère.

Au collège, en compagnie de ses copains, Selma se sent mieux mais elle a l'air triste. Colin remarque immédiatement que quelque chose ne va pas. Il essaie de la questionner, mais Selma refuse de se confier à lui : elle a peur qu'il se moque d'elle [4]. Par contre, elle décide de tout raconter à Lisa, après lui avoir fait promettre de garder le secret. Avec les parents qu'elle a, elle est habituée à gérer les situations difficiles.

— Pourquoi tu n'acceptes pas de parler avec ton grand-père ? Tu pourrais lui dire ce que tu as sur le cœur, ça te soulagerait.

Mais Selma refuse énergiquement.

— Non, pas question que je lui parle. Pour le moment, je ne veux plus le voir ni l'entendre !

— C'est trop bête, Selma ! ajoute Lisa. Je suis sûre qu'il ne voulait pas te tromper. Il ne sait simplement pas comment s'y prendre pour parler avec toi, et c'est le seul moyen qu'il a trouvé. Et puis, Garino, tu as dit que c'était un type sympa, ouvert, qui t'a donné de bons conseils, qui t'a fait découvrir la musique qu'il aime. À mon avis, tu dois accepter l'idée que ton grand-père, c'est aussi Garino ! Et qu'il n'est finalement pas si ennuyeux que ça !

Selma sait que Lisa a raison. Mais pourquoi avoir utilisé ce pseudo pour entrer en contact avec elle ? Ça, elle ne peut pas l'accepter !

---

4. **Se moquer de quelqu'un** : ridiculiser quelqu'un.

Compréhension écrite et orale

1 Écoutez et lisez le chapitre, puis cochez les phrases que vous entendez.

1 a ☐ Selma essaie de ne plus penser à son aventure.
  b ☐ Selma essaie de ne plus penser à sa mésaventure.

2 a ☐ Son grand-père pouvait le consulter comme tant d'autres.
  b ☐ Son grand-père pourrait le consulter comme tant d'autres.

3 a ☐ J'avais commencé à te parler de Samir, un jour.
  b ☐ J'avais commencé à te parler de Samir, l'autre jour.

4 a ☐ C'est ce que tu défends.
  b ☐ C'est ce que tu ressens.

5 a ☐ J'irai à Paris début juillet.
  b ☐ J'irai à Paris en juillet.

6 a ☐ Ce pseudo est inventé pour la tromper.
  b ☐ Ce n'est pas un pseudo inventé pour la tromper.

2 Associez le début de chaque phrase à sa fin.

1 ☐ Selma ne parle pas avec Colin parce qu'elle
2 ☐ Elle est en colère contre son grand-père parce qu'elle
3 ☐ Elle parle avec Lisa et Amina parce qu'elle
4 ☐ Elle refuse de lire le texto de son grand-père parce qu'elle
5 ☐ Elle en veut à son père parce qu'elle
6 ☐ Elle ne se confie pas à sa mère parce qu'elle

a trouve qu'il ne tient pas ses promesses.
b trouve qu'elle ne la comprend pas.
c a confiance en elles.
d a peur qu'il se moque de lui.
e estime qu'il l'a trompée.
f est trop en colère contre lui.

Enrichissez votre **vocabulaire**

3 Replacez les adjectifs et les expressions de l'encadré dans le tableau selon qu'ils sont synonymes ou antonymes.

> serviable – égoïste – sincère – fier – calme – passionnant –
> sociable – léger – paresseux – franc – en colère

	Synonymes	Antonymes
Furieux	en colère	
Dynamique		
Sérieux		
Tranquille		
Hypocrite		
Orgueilleux		
Ennuyeux		
Disponible		

4 Trouvez le sens des expressions relatives aux personnages du chapitre.

1 Une personne spirituelle, c'est une personne
    a ☐ stupide.
    b ☐ brillante.

2 Il a l'air contrarié :
    a ☐ il a l'air détendu.
    b ☐ il a l'air tendu.

3 Elle lui reproche d'avoir triché.
    a ☐ Il a eu un comportement de personne égoïste.
    b ☐ Il n'a pas été honnête.

4 Ça te soulagerait...
    a ☐ Ça te ferait du bien.
    b ☐ Ça ne va pas t'aider.

5 Il ne sait pas comment s'y prendre.
    a ☐ Il sait comment agir.
    b ☐ Il ne sait pas quoi faire.

Grammaire

Le pronom y

*Non, je dois **y** aller pour rencontrer des clients importants.*

Le pronom personnel **y** remplace :

• un complément (nom de chose) introduit par la préposition **à**
  Selma pense à son examen. → *Elle **y** pense.*

Attention, pour les personnes, on utilise le pronom tonique :
Elle pense à sa grand-mère. → *Elle pense à **elle**.*

• un complément de lieu introduit par la préposition **à**
  Il doit aller à Londres. → *Il doit **y** aller.*

Comme tous les autres pronoms, **y** se place avant le verbe sauf au mode impératif affirmatif :

*N'**y** allez pas !*

*Penses-**y** !*   *Allons-**y** !*

5 Transformez les phrases en remplaçant les mots soulignés par le pronom *y*.

1 Elle va <u>à Villé</u> un dimanche sur deux. ....
2 Il ne s'intéresse pas <u>à ce genre de musique</u>. ....
3 Allez <u>au marché</u> ! ....
4 Pensez <u>aux vacances</u> ! ....
5 Ne pense plus à <u>cette mésaventure</u> ! ....
6 Il ne faut pas croire <u>à toutes ces histoires</u>. ....

Production écrite et orale

6 *Et si je lui faisais un cadeau ?* Pensez-vous qu'un cadeau pourrait améliorer les rapports entre Gabriel et sa petite-fille ? Expliquez pourquoi.

7 **DELF** Selma est très déçue parce qu'elle ne pourra pas passer la Fête de la musique à Paris. Vous aussi, vous êtes obligé(e) de renoncer à un projet qui vous faisait plaisir. Vous envoyez un mail à votre meilleur(e) ami(e) pour lui raconter (de 60 à 80 mots).

Avant de lire

1 Les expressions suivantes sont utilisées dans le chapitre 7. Associez chaque expression à sa signification.

1 Mener à bien
- a ☐ Accompagner quelqu'un sans se tromper de chemin.
- b ☐ Bien se comporter.
- c ☐ Réussir un projet.

2 En cachette
- a ☐ Dans le plus grand secret.
- b ☐ Sans sortir de la maison.
- c ☐ De manière immédiate.

3 Se charger de faire quelque chose.
- a ☐ Faire les commissions et porter les sacs.
- b ☐ Prendre la responsabilité de faire quelque chose.
- c ☐ Tenir une promesse.

4 Tomber à l'eau
- a ☐ Apprendre à nager.
- b ☐ Tomber, sans se faire mal.
- c ☐ Ne pas réussir, ne pas aboutir.

5 Tomber sur quelque chose
- a ☐ Faire une chute accidentelle.
- b ☐ Trouver quelque chose par hasard.
- c ☐ Tomber amoureux.

2 Associez chaque action à la photo correspondante.

a Se doucher
b Réviser
c Être bloqué dans un embouteillage
d Jouer d'un instrument

1 ☐ 2 ☐ 3 ☐ 4 ☐

Une conspiration

L a vie devient impossible pour la mère de Selma. Elle voudrait trouver une solution pour rétablir un peu d'harmonie au sein de la famille. Son père est triste, sa fille est en colère, et elle, elle se retrouve au milieu. La question est : « Comment faire comprendre à Selma que son grand-père n'a pas voulu la tromper mais seulement se rapprocher d'elle ? ».

Quand Marc, son ex-mari, lui téléphone pour lui expliquer qu'il ne va pas pouvoir emmener Selma à Paris pour la Fête de la musique, Véronique a une illumination : « La Fête de la musique, voilà la solution ! C'est l'occasion ou jamais ! Il faut organiser quelque chose pour le 21 juin. »

Le lendemain, elle quitte son travail plus tôt et se rend à Villé.

Il n'y a pas de temps à perdre, elle doit exposer son plan à son père, et surtout réussir à le convaincre.

Gabriel écoute sa fille mais son idée lui semble impossible à réaliser. Il soulève des objections les unes après les autres.

— Mais ça fait des années que je ne touche [1] pas à ma guitare, je ne sais plus jouer...

— Ce n'est pas vrai, papa ! Quand on a appris à jouer d'un instrument, on n'oublie jamais ! Et puis tu joues toujours en cachette dans le garage, c'est maman qui me l'a dit !

— Mais Richard et Noëlle n'accepteront jamais ! Ils n'ont pas le temps !

— Ils habitent tous les deux dans la région, et ils sont à la retraite comme toi, papa. Si tu les appelles et que tu leur expliques, je suis sûre qu'ils vont être enthousiastes. Et vous trouverez bien le temps de répéter [2] ! Allez, dis oui, s'il te plaît !

— Mais c'est trop tard ! La Fête de la musique, c'est dans trois semaines.

— Non, nous sommes encore dans les temps [3]. Vous devez juste répéter des morceaux que vous connaissez déjà. Moi, je me charge de l'organisation.

— Et où allons-nous jouer ?

— À Strasbourg.

— Pourquoi Strasbourg ?

— Parce qu'à Strasbourg, on se souvient de Garino.

— Tu parles ! Tout le monde a oublié Garino. Et Selma ? Elle ne veut plus me voir, elle n'acceptera jamais de venir.

— Ça, je m'en charge ! Tu veux qu'elle te pardonne, oui ou non ?

1. **Ne pas toucher à** : ne pas utiliser.
2. **Répéter** : ici, s'exercer.
3. **Être dans les temps** : ne pas être en retard.

Gabriel finit par accepter. Même si la proposition de sa fille lui semble toujours aussi irréalisable, il sourit à l'idée de faire revivre Garino, quarante ans après, et de se réconcilier avec sa petite-fille.

Quand sa mère arrive, Selma est déjà à la maison.

— Maman ? Qu'est-ce qui s'est passé ? Il est presque huit heures !

— Tu n'as pas lu mon texto ?

— Si, je l'ai lu, mais tu étais où ? D'habitude tu ne rentres pas aussi tard.

— J'ai... je suis allée à l'hôpital voir une collègue qui a été opérée, et je suis restée bloquée dans un embouteillage.

C'est la première fois que Véronique ment à sa fille, mais là, il s'agit d'un cas de force majeure [4] : Selma ne doit se douter de rien. Elle pense qu'elle va aussi avoir besoin de la complicité de Colin pour mener à bien son projet.

Après dîner, pendant que Selma se douche, Véronique appelle Colin sur son portable. Il est dans sa chambre, en train de réviser pour sa dernière interro d'histoire de l'année. Il est surpris de voir apparaître un numéro inconnu sur l'écran de son portable.

— Allô ?

— Colin ? Bonjour, c'est Véronique, la mère de Selma.

— Bonjour, madame. Il est arrivé quelque chose à Selma ?

— Non, rassure-toi, tout va bien ! Je voulais juste te demander un petit service.

— Oui, si je peux, pas de problème, dit Colin un peu étonné.

— Je voudrais faire une surprise à Selma pour la Fête de la musique. Je voudrais l'emmener à Strasbourg.

— Oh, elle va être contente ! Elle devait aller à Paris, mais c'est tombé à l'eau...

4. **Un cas de force majeure** : événement exceptionnel.

— Oui, je sais. Mais si c'est moi qui lui propose, elle risque de refuser car il y a un peu de tensions à la maison en ce moment.

Véronique explique à Colin qu'elle voudrait faire plaisir à sa fille après la déception qu'elle a eue pour Paris. Mais elle ne parle pas de la dispute entre Selma et son grand-père. Colin accepte.

— Ça va lui faire du bien, elle a l'air si triste en ce moment.

— Merci Colin, lui dit Véronique. Alors, tu attends mon texto de confirmation avant d'en parler à Selma, d'accord ?

— Pas de problème ! répond Colin avant de raccrocher.

Deux jours plus tard, Véronique reçoit un message de son père sur son téléphone.

> Ok pour le 21 juin.

Elle l'appelle immédiatement.

— Allô, papa ? Alors, Richard et Noëlle ont accepté ?

— Oui, ils sont enthousiastes, tu avais raison.

— Super ! Tu vas voir, ça va marcher. Je suis certaine que Selma va comprendre, et vous, vous allez bien vous amuser !

Il lui reste une dernière chose importante à faire : appeler le journal local de Strasbourg « L'écho d'Alsace », afin de passer une petite annonce.

> Garino est de retour ! Rendez-vous place de l'Université pour la Fête de la musique, à partir de 22 heures.

Selma n'ouvre jamais les journaux, elle ne risque pas de tomber sur cette annonce. Véronique espère en revanche que ceux qui ont connu Garino vont lire l'annonce et venir au rendez-vous.

Puis elle envoie un texto à Colin.

> C'est bon, tu peux en parler à Selma. Merci !

Compréhension écrite et orale

1 **DELF** Écoutez et lisez le chapitre, puis cochez les affirmations exactes.

1. ☐ Pour Véronique, il y a trop de tensions dans la famille.
2. ☐ Véronique se fâche avec son ex-mari parce qu'il n'emmène plus Selma à Paris.
3. ☐ Elle décide de préparer une surprise à Selma pour son anniversaire.
4. ☐ Elle a besoin de la complicité de son père et de Colin.
5. ☐ Elle attend dimanche pour en parler à son père.
6. ☐ Gabriel n'accepte pas immédiatement l'idée de sa fille.
7. ☐ Pour réaliser le projet de sa fille, Gabriel devra reprendre son violon.
8. ☐ Colin accepte d'aider Véronique.
9. ☐ Pour compléter son plan, Véronique passe une annonce dans un journal national.
10. ☐ Elle veut que Selma lise cette petite annonce.

2 Dites qui prononce ces phrases : Selma (S), Gabriel (G), Colin (C) ou Véronique (V).

	S	G	C	V
1. Je ne sais plus jouer…	☐	☐	☐	☐
2. Parce qu'à Strasbourg, on se souvient de Garino.	☐	☐	☐	☐
3. Qu'est-ce qui s'est passé ?	☐	☐	☐	☐
4. Il est arrivé quelque chose à Selma ?	☐	☐	☐	☐
5. Il y a un peu de tensions à la maison en ce moment.	☐	☐	☐	☐
6. Ils sont enthousiastes, tu avais raison.	☐	☐	☐	☐

Grammaire

Les pronoms personnels COD et COI à la 3e personne du singulier et du pluriel

*Si tu **les** appelles et que tu **leur** expliques, je suis sûre qu'ils vont être enthousiastes.*

Le **pronom personnel COD** (complément d'objet direct) répond à la question **qui ? quoi ?** Il remplace un complément d'objet direct.

Le **pronom personnel COI** (complément d'objet indirect) répond à la question **à qui ?** Il remplace un complément d'objet indirect.
Les formes de la troisième personne du singulier et du pluriel, sont :

	PRONOMS COD		PRONOMS COI
	Masculin	Féminin	
Singulier	*le*	*la*	*lui*
Pluriel	*les*		*leur*

Rappel :
Le et **la** s'élident devant une voyelle ou un **h** muet :
*Tu **le** revois quand ?*   *Tu l'aimes ?*
Les pronoms personnels se placent devant le verbe dont ils sont compléments :
*Nous **leur** avons téléphoné.*   *Julien ? Je l'ai rencontré hier.*
Le pronom personnel se met après le verbe à l'impératif affirmatif :
*Parle-**lui** !*   *Écoute-**la** !*
Si le pronom personnel est complément d'un verbe à l'infinitif, il est placé entre le verbe conjugué et l'infinitif.
*Nous voulons **lui** parler.*

3 Indiquez dans chaque phrase si le complément souligné est un COD ou un COI.

		COD	COI
1	Selma ne veut plus parler <u>à son grand-père</u>.	☐	☐
2	Véronique téléphone <u>à Colin</u>.	☐	☐
3	Gabriel laisse <u>sa guitare</u> dans le garage.	☐	☐
4	Il voudrait faire un cadeau <u>à sa petite-fille</u>.	☐	☐
5	Véronique est obligée de mentir <u>à sa fille</u>.	☐	☐
6	Cherche <u>le numéro de téléphone de Noëlle</u> !	☐	☐
7	Elle veut absolument réaliser <u>son projet</u>.	☐	☐
8	Gabriel prévient <u>les amis de Garino</u>.	☐	☐

4 Transformez les phrases de l'exercice 3 en remplaçant les compléments soulignés par un pronom personnel complément.

5 Indiquez le pronom personnel complément qui convient.

1 Gabriel a appelé Selma et
 a ☐ leur **b** ☐ lui a demandé pardon.
2 Quand Gabriel dit à sa fille qu'il ne joue plus de la guitare, elle
 a ☐ lui **b** ☐ la dit qu'il ment.
3 - Où est ta guitare ? - Je **a** ☐ l' **b** ☐ leur ai mise dans le garage.
4 - Écoute tes amis ! Tu dois absolument **a** ☐ les **b** ☐ l' écouter.
5 Colin m'a écrit, mais je ne **a** ☐ l' **b** ☐ lui ai pas encore répondu.
6 Donne-moi le numéro de Colin, je dois **a** ☐ le **b** ☐ l' appeler !

6 Transformez les phrases à la forme négative ou affirmative.

Forme affirmative	Forme négative
1 Appelle-le !	....
2 Demande-lui pardon !	....
3	Ne leur réponds pas !
4 Cherche-la !	....
5	Ne le fais pas !
6 Aide-la !	....

Production écrite et orale

7 **DELF** Pour l'anniversaire de votre meilleur(e) ami(e), vous décidez d'organiser une fête surprise. Vous voulez inviter des ami(e)s. Écrivez un mail d'invitation de (60 à 80 mots).

8 Vous vous êtes déjà disputé avec un(e) ami(e). Comment vous êtes-vous réconciliés ? Racontez les circonstances de la dispute et votre réconciliation.

9 « *C'est la première fois que Véronique ment à sa fille, mais il s'agit d'un cas de force majeure* ».
Vous avez déjà menti pour « un cas de force majeure » ? Racontez.

79

Les réseaux sociaux au cinéma

Les réseaux sociaux sont une véritable mine d'or pour les réalisateurs.

En effet, ils offrent de nouvelles sources d'inspiration pour des rencontres sentimentales ou terrifiantes, des histoires de contrôle et de domination de l'humanité. Quand on passe du réel au virtuel, puis du virtuel au réel, tout devient possible.

Les trois films les plus célèbres sur le thème des réseaux sociaux réalisés jusqu'à maintenant sont : *Vous avez un message* de Nora Ephron, *Chatroom* de Hideo Nakata, et *The social Network* de David Fincher.

1 **Associez chaque photogramme à sa fiche et à son résumé.**

a
Titre	Vous avez un message
Réalisation	Nora Ephron
Acteurs principaux	Tom Hanks, Meg Ryan
Pays d'origine	États-Unis
Genre	comédie
Sortie	1999

b
Titre	The social Network
Réalisation	David Fincher
Acteurs principaux	Jesse Eisenberg, Justin Timberlake
Pays d'origine	États-Unis
Genre	dramatique
Sortie	2010

c
Titre	Chatroom
Réalisation	Hideo Nakata
Acteurs principaux	Aaron Tyalor, Imogen Poots
Pays d'origine	Royaume-Uni
Genre	thriller
Sortie	2010

A Ce film relate l'histoire de Mark Zuckerberg, le créateur de Facebook : de ses débuts peu « glorieux » (son premier réseau social, très sexiste, est une base de données, photos à l'appui, de toutes les filles du campus d'Harvard) à son succès international.

B Kathleen et Joe sont deux passionnés de livres. Kathleen tient une petite librairie, et Joe est à la tête d'un grand groupe qui rachète et élimine toutes les petites librairies de quartier. Ils se rencontrent sur un réseau social et sympathisent, sans savoir que dans la vie réelle ils se croisent tous les jours...

C Des adolescents se rencontrent sur un réseau social. Ils racontent les difficultés qu'ils ont de communiquer avec leurs parents et leurs proches. L'un d'eux les conseille et les incite à passer à l'action pour régler leurs problèmes une fois pour toutes. Ils ignorent cependant que leur « conseiller » a en réalité de très graves problèmes psychologiques.

Avant de lire

1 Les phrases suivantes sont utilisées dans le chapitre 8. Associez chaque phrase à la photo correspondante.

1 Elle mange dans une crêperie.

2 Il y a un monde fou.

3 Ils écoutent une chorale.

Compréhension de l'image

2 Observez l'illustration page 83, puis cochez les affirmations exactes.

1 ☐ Colin est assis à côté de Selma.
2 ☐ On ne voit pas la tête du serveur.
3 ☐ Ils ont fini de manger.
4 ☐ Il fait froid, ils portent des pulls en laine.
5 ☐ Ils semblent tous les trois très contents.

Le retour de Garino

Selma et Colin roulent vers Strasbourg. Véronique est passée les prendre au collège à 16 heures. Selma se dit que sa mère est sympa de les accompagner. Quand Colin lui a proposé de passer la Fête de la musique à Strasbourg, au départ elle ne s'est pas montrée très enthousiaste. Comme elle ne pouvait pas aller à Paris, elle avait décidé de ne rien faire ce soir-là. Et puis Colin a insisté, et il a su la convaincre.

Cette année, le 21 juin tombe un vendredi. Ils passeront la nuit à Strasbourg, et rentreront à Colmar le lendemain soir. Ils s'arrêtent d'abord à l'hôtel, à l'entrée de la ville, pour déposer leurs affaires. Puis ils prennent le tram pour se rendre dans le centre-ville. Il n'est en effet pas question d'entrer dans la ville en voiture : le centre

est interdit à la circulation car toutes les places et les rues sont occupées par les musiciens.

Véronique emmène Selma et Colin dîner dans une crêperie. Colin avale deux crêpes salées, avec des champignons, de l'œuf et du gruyère, et prend en dessert une énorme crêpe au chocolat avec de la crème Chantilly. Selma se demande comment il fait pour manger autant !

Après le dîner, ils se promènent dans les rues. Il fait beau, il y a du monde partout. Ils s'arrêtent pour écouter une chorale d'enfants, un groupe antillais, un violoncelliste... Lentement, ils se rapprochent de la place de l'Université. C'est là que Véronique, l'air de rien, a l'intention de les conduire.

Arrivée sur la place de l'Université, Selma entend les échos d'une chanson qu'elle connaît bien. C'est « Big girls don't cry » des Four Seasons. Garino lui a raconté l'histoire du groupe qui a créé cette chanson, au début des années 60. La chanteuse a une voix puissante et modulée. À la fin de la chanson, les spectateurs applaudissent, et scandent trois syllabes : « GA-RI-NO » qu'ils répètent à plusieurs reprises. Selma sursaute : a-t-elle bien entendu ? Elle reste clouée sur place quelques secondes, puis poussée par la curiosité, elle joue des coudes[1] pour se rapprocher des musiciens. Arrivée près du groupe, elle n'en croit pas ses yeux[2] : le guitariste aux cheveux blancs, c'est son grand-père ! Elle ne connaît pas l'autre musicien, ni la chanteuse. Elle est stupéfaite de voir son grand-père en guitariste rock. D'un seul coup, elle comprend tout : Garino, c'est le nom d'un groupe, celui de son grand-père !

---

1. **Jouer des coudes** : pousser les autres pour arriver devant.
2. **Ne pas en croire ses yeux** : être très étonné.

Sur la place, le public danse au rythme de la musique. Plusieurs générations sont au rendez-vous pour s'amuser et se détendre.

Après cinq chansons, dont deux rocks endiablés[3], les musiciens font une petite pause. Selma surprend alors des bribes[4] de conversation entre les spectateurs.

— Ils étaient fantastiques ! Tu te rappelles ? Tous les jeudis soirs, ils jouaient dans un bar. Attends, j'ai oublié le nom...

— C'était « Le bar des amis », ils savaient mettre de l'ambiance !

— Et le concert qu'ils avaient donné sur la place Kléber ? Il y avait un monde fou ! On a dansé toute la nuit.

— Oui, j'y étais, j'avais participé, moi aussi. C'était pour recueillir de l'argent pour Médecins du Monde.

Le groupe revient sur scène sous les applaudissements. Ils interprètent une chanson des Beatles que Selma adore. Elle est certaine que son grand père la joue pour elle. Il l'a peut-être vue dans le public. Elle lève les bras et suit le mouvement des autres spectateurs qui les balancent de droite à gauche au rythme de la musique.

Après la dernière chanson, cinq jeunes en blouse blanche montent sur scène. L'un d'eux prend la parole.

— Bonjour à tous ! Je m'appelle Alex, et je suis le chanteur des Carabins[5], l'actuel groupe de rock de la fac de médecine. Je voudrais remercier Gabriel, Richard et Noëlle d'être venus jouer ce soir. Merci à eux pour tout ce qu'ils ont fait dans le passé pour Médecins du Monde et que nous essayons de continuer à faire aujourd'hui.

Le groupe quitte la scène, sous un tonnerre d'applaudissements[6].

---

3. **Endiablé** : ici, très énergique.
4. **Des bribes** : ici, des passages de conversation.
5. **Les Carabins** : nom qu'on donne aux étudiants en médecine.
6. **Un tonnerre d'applaudissements** : applaudissements très intenses.

Le retour de Garino

Selma est très émue. Sa mère est venue à côté d'elle.

— Pourquoi tu ne me l'as pas dit avant ? demande Selma à sa mère.

— J'ai essayé. Tu te rappelles, « Ga comme Gabriel » mais tu n'as pas voulu m'écouter, tu étais trop en colère.

— C'est formidable, ce qu'il a fait papi !

— Oui, tu peux être fière de ton grand-père.

— Mais il n'en parle jamais. Pourquoi ?

— Parce que pour lui, tout ça, c'est du passé !

— C'est du passé, mais tous ces gens, ils s'en souviennent encore. Et pourquoi il a arrêté de jouer ?

— Parce qu'il est devenu médecin, il a commencé à travailler, à avoir des responsabilités, une famille, et puis Richard et Noëlle sont partis. Richard est devenu médecin à Lille, et Noëlle est partie avec Médecins du Monde, en Afrique. Ils sont revenus en Alsace pour leur retraite.

Colin est à côté de Selma et de sa mère. Il écoute leur conversation, mais ne comprend pas vraiment de quoi ni de qui elles parlent. Selma se tourne alors vers lui :

— Le guitariste, Gabriel, c'est mon grand-père. Viens, je vais te le présenter !

Compréhension écrite et orale

1 **DELF** Écoutez et lisez le chapitre, puis cochez les affirmations exactes.

1 Selma et Colin partent à Strasbourg
- a ☐ le soir du 21 juin.
- b ☐ l'après-midi du 21 juin.

2 Ils vont d'abord
- a ☐ à l'hôtel.
- b ☐ à la crêperie.

3 On ne peut pas entrer dans le centre ville en voiture à cause
- a ☐ de la Fête de la musique.
- b ☐ d'un accident grave.

4 Cette nuit-là, dans les rues de Strasbourg, on entend
- a ☐ toutes sortes de musiques.
- b ☐ uniquement des chorales.

5 Quand elle entend la foule scander GARINO, Selma est
- a ☐ surprise.
- b ☐ indifférente.

6 Le groupe Garino
- a ☐ joue tous les ans à Strasbourg.
- b ☐ ne joue plus depuis longtemps.

7 Les Carabins sont
- a ☐ les enfants de Richard.
- b ☐ les successeurs du groupe Garino.

8 Après le concert, Selma veut
- a ☐ se réconcilier avec son grand-père.
- b ☐ rentrer à l'hôtel.

2 Dites si les affirmations sont vraies (V) ou fausses (F).

	V	F
1 Après cinq chansons, les musiciens jouent deux rocks.	☐	☐
2 Ils jouaient pour recueillir de l'argent pour Médecins du Monde.	☐	☐
3 Le groupe interprète une chanson que Selma déteste.	☐	☐
4 Le groupe est très applaudi quand il quitte la scène.	☐	☐
5 Selma est très fière de son grand-père.	☐	☐
6 Elle refuse de présenter son grand-père à Colin.	☐	☐

Enrichissez votre **vocabulaire**

3 Remplissez la grille de mots croisés sur la musique.

1 Elle utilise sa voix.
2 Spectacle de musique.
3 Un ensemble de personnes qui chantent ensemble.
4 Il détermine la vitesse du morceau de musique.
5 Il connaît la musique.
6 Musique et paroles.
7 Il ou elle joue de la guitare.
8 On peut le faire aux cartes, au basket, ou d'un instrument.

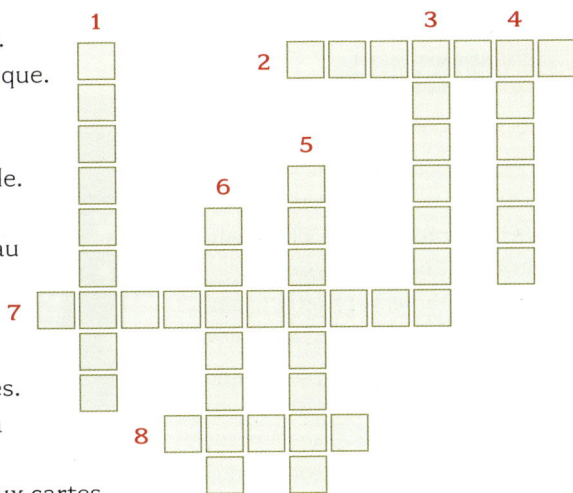

4 Indiquez le nom de l'instrument de musique représenté.

1
a un trombone
b un violon

2
a une trompette
b un violoncelle

3
a une flute
b une guitare

4
a un piano
b une harpe

5
a un saxophone
b un tambour

6
a un violoncelle
b une contrebasse

89

Production écrite et orale

5 DELF Quand Selma rentre à l'hôtel vendredi soir, elle écrit un tweet à Lisa pour lui raconter sa soirée. Écrivez ce tweet (de 60 à 80 mots).

COIN CULTURE

Très brève histoire du rock en France

Le rock français apparaît dans les années 50, avec des groupes aux noms improbables : les Chaussettes noires, les Chats sauvages, les Pirates. Ils reprennent les rythmes des groupes américains, mais avec des paroles en français. Au début, les rockers français souffrent d'un complexe d'infériorité face aux anglo-saxons. Certains prennent des noms de scène américains : Jean Philippe Smet par exemple devient Johnny Hallyday.

À partir des années 70, le rock français assume ses propres caractéristiques. On découvre ainsi des groupes originaux qui trouvent leur propre style : ils mélangent souvent le rock avec d'autres influences musicales, comme les rythmes maghrébins, d'Afrique noire, ou encore d'Amérique du Sud. Les groupes comme Téléphone, Indochine, Mano Negra, Noir Désir ont ainsi réussi à trouver leur place sur la scène du rock français, et parfois international.

6 Lisez l'article, puis cochez les affirmations exactes.

1 ☐ Les premiers groupes de rock français se forment dans les années 50.

2 ☐ À l'origine, le rock français est bien différent du rock américain.

3 ☐ L'histoire du rock français connaît un tournant à partir des années 70.

4 ☐ En France, à partir de cette date, les groupes mélangent plusieurs genres musicaux.

5 ☐ Les nouveaux groupes de rock français ne sont pas connus à l'étranger.

1 Remettez les dessins dans l'ordre chronologique de l'histoire, puis écrivez la légende correspondante.

a

b

c

d

e friendBook

f

g

h

i

2 Cochez les affirmations exactes concernant les personnages de l'histoire.

1 **Selma**

a ☐ Elle a 17 ans.

b ☐ Elle habite à Colmar.

c ☐ Elle est inscrite sur friendBook.

d ☐ Elle vit avec ses parents et ses grands-parents.

e ☐ Elle va au lycée.

2 **Gabriel**

a ☐ C'est le grand-père paternel de Selma.

b ☐ C'est un médecin à la retraite.

c ☐ Il a du mal à communiquer avec sa petite-fille.

d ☐ Quand il était jeune, il faisait partie d'un groupe rock.

e ☐ Il a une seule petite-fille.

3 **Colin**

a ☐ C'est le meilleur ami de Selma.

b ☐ Il adore la musique classique.

c ☐ Plus tard, il veut apprendre le japonais.

d ☐ Il est fils unique.

e ☐ Il rêve d'avoir un scooter.

3 À quel(s) personnage(s) de l'histoire se rapportent les affirmations suivantes ?

1 Ses parents sont très sévères. ....

2 Elle est éducatrice spécialisée. ....

3 Leur travail, c'est de prévenir les risques liés à l'Internet. ....

4 Il n'a que deux ans, mais c'est déjà lui qui commande à la maison. ....

5 Il voyage beaucoup pour son travail. ....

6 Elle est à la retraite, avant elle travaillait pour Médecins du monde. ....

7 Il doit bientôt passer son bac. ....

8   Elle organise une surprise pour réconcilier Selma et son grand-père.
     ....

9   Ils sont trois, on les connaît bien à Strasbourg. ....

10   Elle est très bonne en anglais. ....

4 **Remplissez la grille de mots croisés. Tous les mots sont dans l'histoire.**

1   Ensemble de personnes qui ont un lien, réel ou virtuel, entre elles.

2   Synonyme de *promenade*.

3   Le contraire d'*éteindre*.

4   Des BD venues du Japon.

5   Spectacle musical.

6   Pas intéressant, répétitif.

7   Une activité que Selma aimerait faire à la montagne.

8   Les renseignements qu'un usager de friendBook donne sur lui.

9   On les met dans les oreilles, pour écouter de la musique ou téléphoner.

10   Dans cette pièce de la maison, on prépare de bons plats.

5 Complétez les phrases.

1   Selma en a assez d'aller le .... chez ses grands-parents : elle trouve son grand-père très ....

2   Un soir, Selma reçoit un .... d'un certain Garino sur sa page friendBook.

3   Marc propose à sa fille de l'emmener à .... pour la Fête de la ....

4   De manière indirecte, Selma et Garino correspondent sur ....

5   Selma retrouve ses .... à Villé. Ils font une belle balade à ....

6   Selma découvre que .... est son grand-père.

7   Selma ne veut plus parler avec son ....

8   Véronique organise en secret une .... pour la Fête de la musique.

9   .... comprend qui est Garino, et elle se réconcilie avec son grand-père.

6 Choisissez la bonne réponse.

1   Le fondateur de Facebook est
   a ☐ allemand.
   b ☐ américain.
   c ☐ anglais.

2   L'Alsace a une frontière avec
   a ☐ la Suisse et l'Italie.
   b ☐ l'Allemagne et l'Autriche.
   c ☐ la Suisse et l'Allemagne.

3   Le thème du festival d'Angoulême est
   a ☐ la BD.
   b ☐ la musique classique.
   c ☐ la danse.

4   Les Eurockéennes ont lieu

   a ☐ près de Belfort.

   b ☐ à La Rochelle.

   c ☐ au bord de la Méditerranée.

5   Le festival qui a lieu en hiver est

   a ☐ le printemps de Bourges.

   b ☐ Africolor.

   c ☐ Jazz à Juans.

6   Un bagad est

   a ☐ un groupe rock.

   b ☐ un groupe de musique celtique.

   c ☐ un instrument de musique celte.

7   Le film *Vous avez un message* est

   a ☐ un thriller britannique.

   b ☐ une comédie américaine.

   c ☐ une comédie française.

8   La choucroute est

   a ☐ une spécialité culinaire alsacienne.

   b ☐ une ville alsacienne.

   c ☐ un groupe rock alsacien.

9   Le Parlement européen se trouve à

   a ☐ Mulhouse.

   b ☐ Colmar.

   c ☐ Strasbourg.

10   Le site Copains d'avant permet de

   a ☐ retrouver ses anciens amis.

   b ☐ trouver un travail.

   c ☐ réserver des places de concert.

Les structures grammaticales employées dans les lectures graduées sont adaptées à chaque niveau de difficulté.

L'objectif est de permettre au lecteur une approche progressive de la langue étrangère, un maniement plus sûr du lexique et des structures grâce à une lecture guidée et à des exercices qui reprennent les points de grammaire essentiels.

Cette collection de lectures se base sur des standards lexicaux et grammaticaux reconnus au niveau international.

Niveau Deux A2
Niveau intermédiaire du Cadre Européen Commun de Référence

Points de grammaire traités dans ce niveau
Adjectifs indéfinis, ordinaux
Adverbes de fréquence, de lieu
Comparatif
Complément du nom
Conditionnel de politesse
Futur proche
Il faut + infinitif
Impératif négatif
Indicatif : passé composé, imparfait, futur
Négation complexe
Participe passé
Passé récent
Prépositions de lieu, de temps
Présent progressif
Pronoms « on », personnels compléments, interrogatifs composés, relatifs simples
Réponses : *oui, si, non, moi aussi, moi non plus*
Verbes pronominaux, indirects
Y / En